教子有道

春 子 编著

上海科学普及出版社

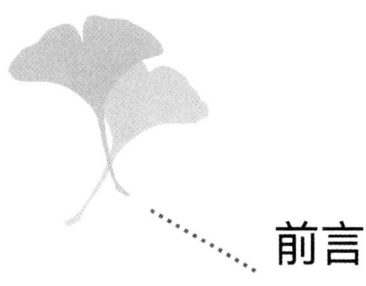

前言

自2012年本人编撰出版了《散养的孩子也成功》后，十年来，伴随着女儿的成长，我在家庭教育这个领域有了更多的经历和经验。也是从2012年起，我带着我的团队在全国开始了"百场亲子讲座"，走过了很多城市，结交了很多朋友和家长。而无论是在工作中还是在讲座的过程中，我都感受到了许多家长的焦虑和无奈。虽然不是一名专业作家，但是我希望自己能够用文字记录下生活与工作中的一些育儿经验，让更多的人分享。出于这个目的，我"十年磨一剑"写成此书，并分成了"关于'你们'""关于'他们'"和"关于'我们'"三个部分来表达。

其中"关于'你们'"是写给家长的，是我所理解的教子之"道"。虽然说"道不可说""不可教"，但我还是想要试着用自己的理解，去阐释家庭教育中的"道"，并希望通过这些"道"和一些真实的个案，对家长们的教育理念有所启迪。因为我始终认为，在亲子教育中，所有的教育方法都是有底层逻辑的，这些

逻辑就是"道",掌握了"道",方法也就会有了。

"关于'他们'"是写给孩子的,是关于"术"的实施。这是我结合自己十几年来亲子教育工作的经验,将家长们最关心的"如何让孩子爱上学习"的问题做一个叙述。首先,通过52个游戏来改善孩子们的专注力。专注力是孩子们学习的基础能力,而这个能力很大一部分是取决于孩子感觉系统的发展,这是有科学依据的。我只是把专业的知识,透过自己的理解,"搬运"给读者。这些游戏看起来既简单又熟悉,但每个游戏其实都对应了让孩子集中注意力的功能说明。家长们可以根据孩子的情况,通过这些游戏,让孩子改进专注力,同时能够通过陪孩子玩游戏,增进亲子关系。其次,对于怎样让孩子从"要我学"变成"我要学",这也是家长们非常关心的话题。经过多年与孩子们的交流,我深深地感受到,没有目标或没有梦想是很多孩子的通病。人一旦失去目标,也就失去了动力,学习也是一样的。过去的十几年,有很多孩子通过我总结出的"七步法则",找到了目标,考上了名校。但是个人的力量是有限的,虽然密而不传的工作方法可以给我带来更多的工作机会和收入,但我更愿意把多年的工作经验分享给大家。希望通过文字与成功的个案分享,能够帮助到更多的家长和孩子,用自己的力量解决"学习没有动力"的问题。

"关于'我们'"是分享我女儿的故事。小女依依是从小被散养着长大的,她从来不是一个热爱学习的孩子,倒是有着许多其他的兴趣爱好,爱自由自在地生活。可能是在我的影响下,16岁的她为了实现梦想选择出国留学,并顺利地在美国读完高中,在加州大学读完本科,一路读到了"藤校",并以全A的优异成绩拿到美国哥伦比亚大学的"特殊教育"硕士学位。用她自己的话来说就是"实现了一个学渣的逆袭"。她不属于学霸类的孩子,取得这样的成绩,更多的是得益于她对于自己的正确定位,明确的目标与方向的把控。我也希望通过这个真实的个案分享,能让读者们也可以得到些许启发和帮助。

与《散养的孩子也成功》一样,本书依然没有邀请名人作序,但是

女儿依依，与我一起工作过的孩子和他们的家长，还有我的同事们以及最亲密的朋友们，他们都有话要说。希望在最后一个部分的"他们说"里，读者们能在他们所表述的文字中，找到一些启迪。他们都是我身边非常优秀的人，也是我那么多年坚持在这个领域辛勤工作的见证人。

出版这本书的时候，以ChatGPT为代表的人工智能技术正在走红。可以预见到，随着人工智能的逐渐发展，孩子们将来的职业选择已经发生了质的改变，那些重复机械的工作都可能被人工智能取代。所以现在，我们更应该注重孩子们的自主创新、资源整合、项目再生的学习能力。更应该让孩子们涉略跨领域的知识，打开眼界，摒弃单一重复的学习方法，培养他们开启独立自信的自主学习模式，来应对时代的发展。

本书将亲子教育中的"道"和"术"相结合，希望可以用我个人的理解对亲子教育做一个科普式的讲述，偏颇之处希望得到大家的反馈和斧正。

春　子

2023年7月

电子邮箱：jzyd_chunzi@163.com

目录

上篇　关于"你们" / 1

1. 天地之道
   ——如何为孩子创造良好的成长环境 / 3
2. 水之道
   ——孩子如水家长如器，水的形状取决于容器 / 9
3. 木之道
   ——等待与陪伴，是孩子成长的根本 / 11
4. 土之道
   ——提供富饶的土地，让种子生根发芽 / 12
5. 金之道
   ——学会理财等于学会规划 / 15
6. 火之道
   ——家庭中的情绪管理 / 19
7. 水火之道
   ——正确沟通，让水火相容 / 22
8. 方圆之道
   ——无规矩不成方圆 / 25
9. 方向之道
   ——有目标地行走 / 28
10. 风之道
    ——抓住每一次教育的时机 / 31

11. 度之道
　　——爱有度，奖有度，罚有度，情有度，
　　　理有度 / 33
12. 限之道
　　——明确界限，放下控制欲 / 35
13. 律之道
　　——培养孩子的自律性 / 37
14. 责之道
　　——让孩子成为有责任心的人 / 40
15. 平衡之道
　　——维护家庭平衡，让孩子健康成长 / 42
16. 动静之道
　　——准确疏导，让孩子动静相宜 / 46
17. 安全之道
　　——孩子的安全感来自于家长自己的安全感 / 49
18. 益之道
　　——让孩子成为有益于社会的人 / 52
19. 本位之道
　　——各司其职，做最好的自己 / 54
20. 管教之道
　　——奖罚分明，管教得益 / 57
21. 幸福之道
　　——感恩是幸福的源动力 / 59
22. 能量守恒之道
　　——让能量为教育加持 / 60
23. 相之道
　　——教子从自我成长开始 / 63
24. 梦想之道
　　——启动梦想之光，开动学习动力 / 65

中篇　关于"他们" / 67

一、什么是专注力
　　——搞清楚感觉统合，就能够帮助
　　　孩子集中注意力 / 69

 1. 趴着滑滑梯 / 76
 2. 打弹子 / 76
 3. 放风筝 / 77
 4. 打雪仗 / 77
 5. 玩翻棋 / 78
 6. 抓骨牌 / 78
 7. 跳橡皮筋 / 79
 8. 走独木桥 / 79
 9. 爬行 / 79
10. 跳房子 / 80
11. 斗鸡 / 80
12. 抽陀螺 / 80
13. 抓蝌蚪 / 81
14. 看飞机 / 81
15. 趴地推球 / 81
16. 小车滑行 / 82
17. 踩高跷 / 82
18. 搭积木 / 83
19. 创意画 / 83
20. 游泳 / 83
21. 玩飞镖 / 84
22. 走迷宫 / 84
23. 连连看 / 84

24. 连点成画 / 85

25. 玩桌游 / 85

26. 盖瓶盖 / 85

27. 玩沙坑 / 86

28. 合理冲撞 / 86

29. 滚铁环 / 86

30. 算二十四点 / 87

31. 下围棋 / 87

32. 看图讲故事 / 87

33. 抖空竹 / 88

34. 攀爬 / 88

35. 骑自行车 / 88

36. 捉迷藏 / 88

37. 丢沙包 / 89

38. 背上写字 / 89

39. 老鹰捉小鸡 / 89

40. 踢毽子 / 90

41. 跳绳 / 90

42. 挑邦邦 / 90

43. 按摩球 / 91

44. 跷跷板 / 91

45. 荡秋千 / 91

46. 丢手绢 / 91

47. 走石子路 / 92

48. 蹦床 / 92

49. 打节拍 / 92

50. 溜冰 / 93

51. 坐独脚凳 / 93

52. 打球 / 93

二、学习动力的培养
　　——用七步法激发孩子的学习动力　/ 94
　　个案分享
　　——我和西岳的故事　/ 101

下篇　关于"我们"　/ 105

1. 呱呱坠地的小生命　/ 108
2. 每天起来笑一笑　/ 109
3. 家里的小当家　/ 110
4. 与钢琴结缘　/ 111
5. 单亲家庭的孩子　/ 112
6. 回到身边的小丫头　/ 114
7. 新环境的考验　/ 115
8. 女儿生命中的第二个男人　/ 117
9. 跨过攀比的泥潭　/ 118
10. 孩子的领地意识　/ 119
11. 启动学习动力　/ 121
12. 学习需要规划　/ 123
13. 为独立而战　/ 124
14. 留学前的恋爱课程　/ 126
15. 艰难决定　/ 127
16. 展翅起飞　/ 128
17. 社区学校的困惑　/ 130
18. 责任大于天　/ 130
19. 又一次抉择　/ 131
20. 实习给选择加分　/ 132
21. 走进藤校　/ 133

22. 帝国大厦的哥大蓝 / 134
23. 活出自己的精彩人生 / 135
24. 我们的共同成长 / 136

附录　他们说 / 139

写在最后 / 157

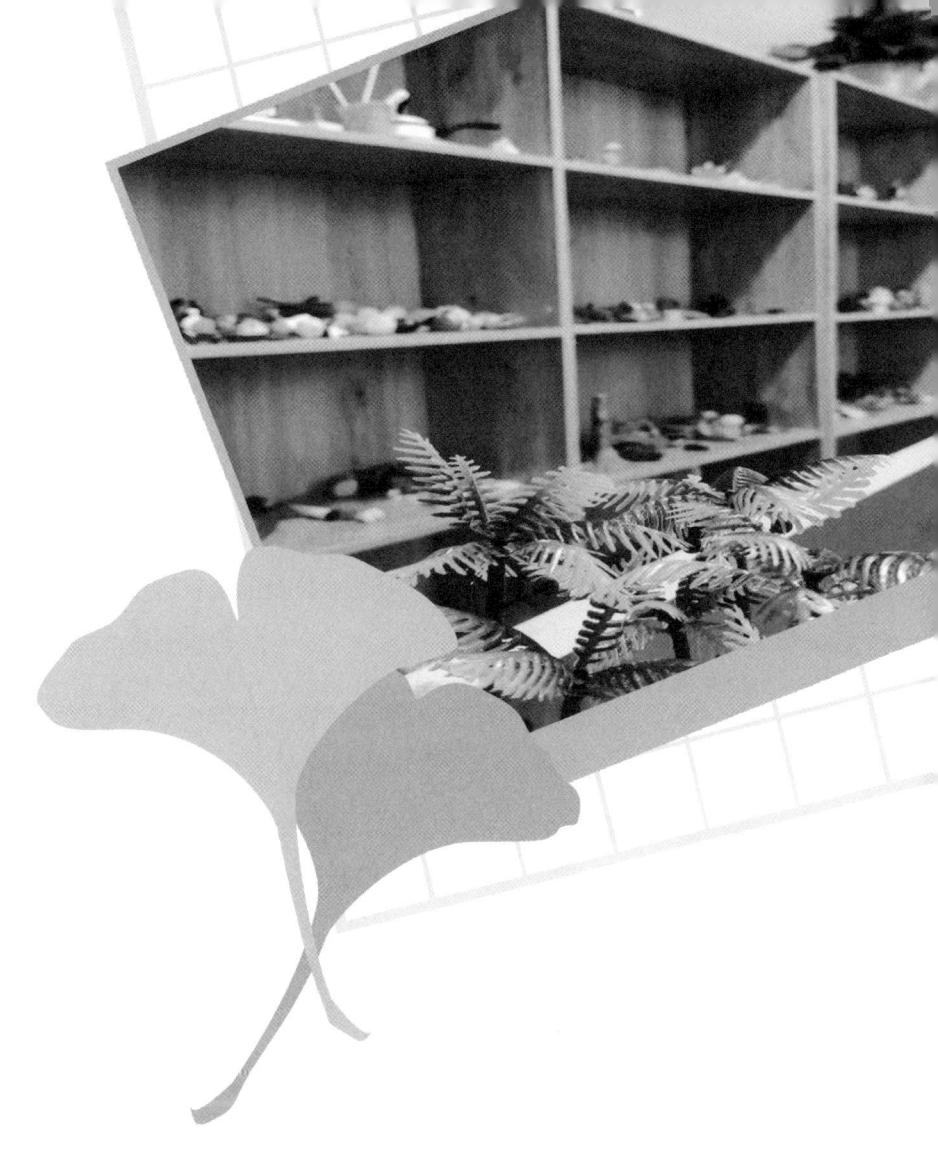

上 篇 关于"你们"

十几年的心理学之路，我一直努力学习、突破自我、用心成长、积极工作。并且，与孩子们在一起讨论理想；与家长们在一起探讨家庭教育以及家庭关系；与企业的员工们一起分享减压养生和自我成长……每一项工作都是我的学习过程。在所有从事过的工作中，我最喜欢的就是讲座。无论是讨论家庭教育的亲子讲座，还是针对企业员工的减压讲座，抑或是关于身心健康和心理减肥的快乐分享，每次讲座之后，我都瞬间感受到一种能量在身体里集聚与流动。在所有的讲座中，我最热衷于与家长们的相处。看到年轻的父母们渴望的眼神，认真地记录，热情地互动，我能感受到他们对于孩子的热爱，也能感受到他们反思自己与孩子相处的时刻。

在讲座后被家长们团团围住是极其稀松平常的事。大部分家长最关心的还是教育方法，命题大到"教育理念"，小到遇到某些具体事件应该如何处理等。我总是尝试着为家长出谋划策，却也事先告诉他们这些方法可以试试，却不一定管用。因为每个孩子都是不同的个体，我们不可能用同一种方法应付所有的孩子。教育不能以偏概全，每个孩子的个性都值得保护和尊重。万事万物皆有道，与其简单地追寻"方法"，不如先掌握"道法"。

于我而言，家长们都是我的同路人。我不过是在家庭教育的路途上走得更早了一些，经历了与女儿的共同成长，与许多孩子和家庭一起工作而已。我始终认为：家庭教育是一门很大的学问，而常说的"教子有方"，更精准的说法应该是"教子有道"。

所谓"道法自然"，就是家庭教育必须遵循自然法则，一切对于孩子的拔苗助长，以及压抑和控制都是不可取的。天地间有五行之道、阴阳之道、平衡之道，而教育之道也存于其中。

1. 天地之道——如何为孩子创造良好的成长环境

道家讲究"道法自然",所谓"人法地,地法天,天法道,道法自然"。简单地说就是人的行为必须尊重天地自然,要学会适应环境,按照环境规律来办事。

在教育中,我们必须顺应环境,但教育孩子却不能人云亦云,更不能有从众心态。例如,我婆婆是教钢琴的,来她这里学习钢琴的孩子,起初都是对钢琴充满着好奇和热情的。如筱筱,她是个极可爱的小女孩,隔壁小孩在学琴,每每听到琴声,筱筱都很好奇,于是筱筱妈妈抓紧时间引导女儿:"要不要学琴啊?"得到肯定的回答后,她很高兴地带着孩子来找我婆婆。起先,筱筱学得高兴,但没过多久,请假的次数就多了起来。有一次,我正好去看望婆婆,筱筱她们来了。看到孩子是哭着进门,而筱筱妈妈一脸黑,她说是自己逼着老公斥巨资买了一台钢琴回家,以为可以天天陪筱筱练琴了,可是没几个月,孩子就不愿意练琴了,怎么劝都不听,一让练琴就哭,骂都骂了,打也打了,都没用。我就问筱筱妈妈,当初为什么要让筱筱学钢琴呢?筱筱妈妈回答我,说是筱筱自己要学的,可是筱筱在一旁不认账,说是被妈妈逼的。这样的场景,是不是似曾相识?

教育需要落地,所以要不要让孩子学乐器,为什么要让孩子学乐器,家长在决定让孩子学乐器之前,最好拿出一张纸做一下功课。写出孩子必须学乐器的若干理由,并且思考一下,自己是否能接受孩子半途而废。如果你的理由里有一条是为了"培养孩子的音乐素养",你大可以带着孩子多听听音乐会,多逛逛乐器店,尝试让孩子多了解多接触,并知道各种乐器的特点、音色以及相关的音乐名人等,在多给孩子一些体验的同时给其更多的选择机会。这些准备工作都做好了,亲子之间也达成了共识之后,就可以带着孩子共同去选择适合的乐器,物色适合的老师。让孩子全程参与的最大好处,就是在参与决策的同时,让他们知道学琴需要付出的时间成本。一旦做了决定,那么孩子一定会格外珍惜这样的学习机会,并且不会轻易放弃。

环境不单单指的是居住环境,"孟母三迁"的故事想必大家都知道,你以为孟母是嫌居住条件不好,要找学区房吗?环境更多时候是指人文环境,而人文环境大部分是由自己创造出来的,设想一下,如果你经常带孩子去听听音乐会,或自己也喜欢拨弄拨弄乐器,或经常组织一些同道开音乐派对,大家互相交流多了,那么你孩子的音乐素养在不经意间就被培养起来了,何必通过大呼小叫地逼着孩子学琴这种伤人伤己、吃力不讨好的方式呢?如果不是梦想着要孩子成为钢琴家,那么晚个十年八年让孩子自己爱上学钢琴,也是个不错的选择,何必在意什么"童子功"呢?

所以在教育的过程中,家庭就是孩子的"地",是环境。土地的滋养程度决定了孩子的成长速度,小时候比较拔尖的孩子,长大了不一定出色,那是因为家长过于把目标集中在土地上面开枝散叶的那一部分,而失去了耐心等待孩子在泥土下默默生根。要知道根越粗壮,树苗才越有可能成为参天大树。只着眼于孩子眼前的好成绩,终有一天会被别人毫不留情地赶超。所以,作为家长,让自己变得更加有"营养",让自己更加耐得住寂寞就很有必要。必须努力让自己成为孩子成长的好土壤,这就是为孩子的成长创造出最适宜的生长环境。

大部分来我工作室咨询的家长都很焦虑。一方面,这些家长是因为重视教育,抑或陷入自我成长的困惑才出现焦虑的,这是一种对生命、对孩子极其负责任的心理状态。只要愿意学习怎样让孩子更优秀,让自己成为更好的家长,就是孩子、自己和家庭的获益起点。既然站在起点准备开跑,那么不管何种心态,都会紧张,这很正常。现在的教育热点多,自媒体发达,信息量成倍增长,再者我们只生一两个孩子,大家都是摸着石头过河,紧张孩子的成长是自然的,但是焦虑情绪会打碎教育中最重要的原则,就是等待和陪伴。如果你在与孩子的互动中,经常感觉到在赶着孩子往前走,那就要慢慢地停下脚步,问问自己,到底是孩子慢了,还是自己的期望过快?如果你与孩子换位思考,你的感受是什么?

在家庭中,夫妻关系永远是第一关系,如果为了孩子而忽略了另一半的感受,或者坚持着自己的教育观、价值观,与另一半明争暗斗,都是极其伤害家庭环境的。等于是给土地施两种相互克制的肥料,并且还不停地为了坚持自己的观点层层加码,暗地使劲。这不是给土地加营养,这是在毒害环境,而且不可逆。在这样的环境下,孩子怎么能成为更好的人呢?

记得有位妈妈曾向我述说她老公的"奇葩"教育方法,当然在我看来,妈妈嘴里的"奇葩"方法,也只是另一种不同的教育理念。狼爸、虎妈都把孩子养大了,而她老公的奇葩理论,看起来并不比那些行为过激,有啥可以担心的呢?我就跟那位妈妈开玩笑地问,孩子跟谁姓啊?她说,跟爸爸姓,我说那好,那孩子都跟爸爸姓了,也是他们家人了,你急啥呀?当然,这只是个玩笑,有时候,夫妻俩争吵的并不是孩子的教育问题,只是在没有孩子以前,两个人之间没有暴露出来的价值观问题,既然已成夫妻,又有孩子了,暴露出来的问题,就要去积极解决。在这里,应该多用减法,而不是竞争的相加法则,大家要一起以维护土壤的平衡度为目标,各退一步,孩子就不那么受罪。这是为孩子创造好的环境。

"地法天"似乎有些落入了不可知论,或者神学,当然我相信老子只是用天命来说明普通人头脑中的关于本"命"的那个神学概念。也就是说,凡事都有定数,每个孩子来到凡间,都有定数。这个定数在孩子还是受精卵的时候就已经定下了,母体的条件包括营养不同、生理状态不同、基因结合的不同、遗传不同,都已经让孩子成为这个世上独一无二的存在。如果再用同一种要求和方法去应对每一个孩子,本来就是不尊重天命的,更不要说用孩子所不能及的方法要求孩子了。

但是,在我们的教育中,却处处存在着"逆天"的教育方法,不是每一个孩子都需要学奥数,或学钢琴等的。每个孩子的天分是不一样的,我们的家长要善于发现自己孩子身上的与众不同之处,要发挥他们的长处,千万不要用各种跟风的方法在自己的孩子身上试错,试错成本是很高的。那么,为什么家长发现不了孩子的优点和长处?是时机不到,还是自己的观察力不够?想象力不够?创造力不够?时机不到就等,能力不够就学,先自己学会观察判断,再给孩子下定义,别跟着别人走得离目标越走越远,你要想想这是在帮孩子还是在害孩子?

"天法道"其实就是一个概念过渡,就是说人们心目中的命从属于大道,因此不要迷信于天命,试图探寻大道才是正事。就像我们一直说的"教子有道"之道是什么？道是规律，万事万物都有规律，顺着规律去做，才能有所斩获。比如每个孩子的成长都是按着规律来的，我们的"发展心理学"理论，把人生分成了八个阶段。

第一阶段是孩子0～2岁，我们称之为婴儿前期。这个阶段的孩子通过与父母或者主要抚养人的互动，获得信任感，克服怀疑感。所以教育专家会告诉你孩子刚出生的两年，最好是母亲亲自抚养，因为信任感的建立需要身体的舒适感，以及最少量的对未来的害怕和忧虑。这一点基本上没有人会比母亲做得更好。

第二阶段是孩子2～4岁，我们称之为婴儿后期。这个阶段的孩子开始探索其行为对他人所产生的影响，以获得自主感，克服羞耻感。如果婴儿在表达这种新发现的自由方面受到限制太多，或者受到过于严厉的惩罚，就可能发展出一种羞耻感和怀疑感。这个阶段严格来说，是孩子第一个"叛逆期"，孩子会表现出过于自我和自私。其实，这只是孩子在探索自我，对于孩子意志品质的培养很重要。

第三阶段是孩子4～7岁，我们称之为幼儿期。这个阶段的孩子需要应对生活的挑战，需要主动而有目的的行为。而且，随着他们不断长大，孩子作为一个觉醒了的独立个体，需要为自己以及玩具或是宠物承担责任。责任感的发展会提高主动性，但如果没有责任感，继而感觉到焦虑之后就会产生内疚感。虽然后来的成就感可以补偿这种内疚感，但如果在这个阶段对孩子的目标管理做针对性培养，那么孩子会获得主动感，克服内疚感。

第四阶段是孩子7～12岁，我们称之为童年期。这个阶段是培养孩子能力品质的重要阶段。孩子刚进入学习环境，孩子对学习最为热情，但也容易产生自卑感，这是一种相对的无能感。如果能保护好孩子的学习热情，鼓励孩子取得的每一个成绩或进步，孩子会获得勤奋感，克服自卑感。

第五个阶段是孩子12～18岁，我们称之为青少年期。这个时期的孩子在心理上会形成角色同一性，孩子需要面对我是谁，我的生活将去向何方等人生问题。如果以一种健康的方式探索，会找到一条明确的道路，获得一种明确的同一性。如果是父母或同伴强行控制孩子的自我探索，很可能导致孩子同一性混乱。这个时期，也是让孩子培养出诚实品质的重要阶段。诚实看

待自己，诚实应对他人和事件，会让孩子在人格上更独立。

第六阶段是孩子长到25岁左右，我们称之为成年早期。随着他们的社交圈扩大，成年后的人际关系会帮助他们建立爱的品质，并在建立健康的友谊和美好的亲密关系过程中，获得亲密感，避免孤独感。

第七个阶段是25～50岁的成年中期。这个年龄阶段，大部分人能产生更多关心的品质。结婚产子，帮助下一代进步，获得繁衍感，克服停滞感。所以，与孩子一起成长，是可以让自己生命充满活力的最好方式。

第八个阶段是50岁以后的成年后期。这个阶段，如果有着美好的人生体验和悟性，人的内心会获得完善感，能够克服失望和厌恶感，成为集智慧与贤明为一体的个体。可以安享年轻时奋斗带来的安稳生活，更可以把自己的人生经验加持在后辈身上。

人的心理成长与生理成长是相对应的，也是相辅相成的，顺应成长规则，人生才能不纠结。记得曾遇见过一位焦虑的妈妈，与我说孩子只有两岁半，叛逆得不行，什么都是反着来，啥都是"我的"，是不是自己的教育有问题。我笑着恭喜她说，孩子很正常，正经历着"自我意识"期。这时期的孩子在寻找"我是谁"所以经常以反抗一切，要求自我做主来刷存在感。如果五六岁的孩子还这样，要么是发育迟缓，要么是家长溺爱，那才需要担心呢。所以，虽然我们说，孩子都是有自己个性和独特标签的，但是人的发展有基本的规律可以参考，不要纠结那几天或几个月的时间。在大的范围不变的前提下，小的出入都可以接受，包括孩子的教育也有规律。

比如，孩子的负面行为，大概率都与他获得的第一次行为发生的体验有关。每个孩子都是在定义和联想的过程中学习成长，就像我们说的"苹果"，我相信所有人不需要看到苹果就知道它长啥样、是什么味道，有些躯体感受性好的人甚至嘴里就会出现苹果的味道。这是为什么？因为经验，因为我们通过第一次对于苹果的定义，用联想就知道苹果大概就是这样的，当然随着无数次的定义，我们知道了糖心苹果、蛇果、红富士等都叫苹果，味道大致相同，细微处有些不一样。那么，如果孩子第一次接触苹果，就是一个烂苹果、体验不好的苹果，孩子就可能从此不喜欢苹果，觉得苹果有着不好的体验。这时我们需要将苹果重新定义，用好吃的苹果来替换。同样，当孩子有

了"错"时,我们必须手把手地用"对"的行为,以及"做对了"后可以获得的那种美好体验来替代那些不好的体验。用具有正面的行为去替代负面的行为,是帮助孩子认识自己认识世界和规则的好方法,但是这种方法的理论必须基于"道"的理论,那就是规律。

  道法自然是为大道落实归宿和根源,就是说大道是决定于自然本身的,大道应当是描述自然状态及其规律的。简单来说,我们在教育中,顺应天理、地理、人理,以及顺应自然,就是最好的教育方法。智慧的人应该顺应自然,学会与自然共处。也就是说,教育其实也是与自然共处,不必要刻意地去做什么,一切顺其自然,水到渠成才是最好的教育。

  在我们的教育中,往往是孩子越小家长的干劲越足,恨不得让孩子一口吃成胖子。仔细想想,这可能么?如果回想一下你自己是如何长大的,你大概也就不会这么激进了。孩子小的时候,生理心理都需要发展发育,需要耐心等待,这时候加量超前的学习只会揠苗助长。我们不难发现如今的孩子,尤其是每到晚上,都像霜打的茄子,蔫掉了,并且动不动就生病,动不动就厌学离家出走……面对这些状况,我们难道应该一味指责孩子而不考虑其背后的原因吗?现在拼了命地学习,把所有的能量和耐心都消磨殆尽了,只等着高考一结束,顺利进入大学之后,就可以躺平混日子了。要知道,这样逆天而行的教育其实不是"诲人"而是"毁人"!教育方式如果跟孩子成长的自然规律不相吻合,我们的教育就不会得到大自然的祝福,现在社会的人与人之间缺乏信任,不都是急功近利之教育导致的吗?

  当然,大家也许会说,是啊,现在的教育大环境比较恶劣,就像是北京的雾霾很难根治。虽然治理雾霾是国家的事情,但是如果大家都重视,人人都出一把力,是不是能让雾霾早一些远离我们呢?如果我们都屈服于大家并不认可的教育环境,因从众心理而盲目跟风,那么仅凭教育部的治理,估计会需要更多时间。所以,关键是我们要接纳目前的教育状态不是那么完美,但是可以理性地用适合自己孩子的教育方法开展教育活动,而不去参与"教育内卷"。本着淡定从容的心态,遵循天地之道,为孩子创造良好的成长环境,则更有利于孩子的成长。

 2. 水之道——孩子如水家长如器，水的形状取决于容器

孩子生下来，就像纯净、清澈的水。我们知道，水是无形的，水的形状完全取决于盛它的容器，而我们的家长无异就是孩子第一个容器，你想让孩子是什么样子的，需要先检视一下自己是什么形状的容器，看看自己这个容器的容量是否够大。所以在教育上，我们不要一味地只对孩子提出要求，应该经常地对于我们自己也提出要求。那么怎样成为一个好的容器呢？这就是自身的修为，想让孩子遵守秩序，首先自己就该遵守。现在有些事情是孩子们在提醒我们，如过马路，许多孩子比大人更积极地遵守交通规则，因为他们在学校里正受到这样的教育，而大人们在社会这个大染缸里浸润太久，或许已经失去耐心、失去了平和。但是，如果我们都不遵守规则，任由孩子来纠正我们，那只有两种结果：其一，如水一样的孩子突破这个残破不堪已经不能盛下他们的容器；其二，龟缩自己，把自己变成可以适合这个容器的水。这两种结果都不是我们想看到的。

随着孩子的长大，家长一般都会希望孩子像激流一样勇往直前汇入大海。虽然我们做家长的可能一辈子都不知道身在大海里的感觉，可能我们倾尽一辈子也只能流到了小溪里或江河里，甚至还没有流出过水潭。即便如此，我们还是希望孩子们能拥有一片广阔的天地。所谓望子成龙、望女成凤，就是这个道理。有个笑话这样说"笨鸟有三种选择，一种是先飞，一种是不飞，一种是生一窝蛋，让小鸟飞"，望子成龙的家长自己都有很大的愿望，但更多的是让孩子来弥补自己未能达成心愿的遗憾。这种心情值得理解，毕竟作为家长谁都希望看到孩子过上比自己更好的日子，这是做父母的与生俱来的爱。所以，当孩子长大，我们感觉到自己的这个容器已经不再适合他们了，就要懂得适时地把容器里的水洒出去，洒到一条可以通往大海的小溪流里去，给孩子以引导，让他们自己奔向大海。而这个年龄段我们发现多半是在孩子的青春期，大家把青春期称之为"逆反期"，其实不是孩子的逆反，更像是家长的逆反。因为水不再甘心于安安稳稳地待在我们准备的这个容器里，一直试图冲破容器，于是和家长起了冲突。这

里面更多的是家长的分离焦虑,因为这个时候,需要家长接纳水的不安分,接纳水将要离开容器的那份空虚与不安全感,快速调整好心态,帮助孩子转型。

水是可以变化成各种形态的物体,太冷了会成冰,太热了成为气。我们的孩子其实也是这样,在孩子长大的过程当中,我们会发现孩子有时候乖乖的,有时候却跟吃错了药一样,阴晴不定的。是的,孩子如水,有水一样的特质,活跃但不稳定,他们在发展的过程中随着认知的增加与变化,一直变化着,这很正常。所以,做家长的,有时不用为孩子的一点点变化而焦虑,我们可以等待孩子成长,我们更需要学会欣赏孩子像雾像风又像雨的特质,静静地观测水在液体、气体、固体间的变化,那是一种美的循环。

在"五行"中,水生木,土克水,我们掌握了五行的平衡之道,就会懂得怎样去疏导孩子。土就像规矩,适当对水用土,可以指引水的流向,但是过多的堆土就是填海,把水压入地下了,挡住了水的去路。所以,在生活中,尤其是当孩子小的时候,更要懂得给孩子设限,设一条下限,孩子不能触碰的底线,这时需要明确而坚定的告诉孩子,把上限尽量地扩大。当然孩子还小,所有设限都不要超出我们自己所能承受的范围,就是别比自己的容器大太多。这同时需要修通自己,让自己扩大,这样,孩子的天地就出来了,我们说三岁看到大,有规矩才能成方圆,只有这样孩子才不至于会惹出惊天动地的祸事来。

有一本书叫作《水知道答案》。《水知道答案》是由日本作家江本胜所著的系列图书。作者用122张通过显微摄影拍下的奇形怪状的水结晶照片,提出了水不仅自己有喜怒哀乐,而且还能感知人类的感情,"水能听,水能看,水知道生命的答案"的奇异观点。当让水"听"了不同的音乐,或者看到了不同的字或照片都会结出不同图案的冰晶。好听的音乐和语言,或正面的词语都会让结晶变得美丽和规则;而吵闹的音乐和负面的词语或语言,会让水的结晶变得粗鄙。作者认为当水感受到了美好与善良的感情时,水结晶就显得十分美丽;当感受到丑恶与负面的情感时,水结晶就会显得不规则。

所以,当我们把孩子比作水,就要多赞美他们,不要用恶言相向作为惩罚。其实有时候没有原则与边界的语言伤害,远远大过体罚,就像如今很多成人都能说出被大人揍的经历，还会经常拿这些跟父母开玩笑，但如果小的时候受到过父母侮辱性的语言，则不会说出来。

3. 木之道——等待与陪伴，是孩子成长的根本

在"五行"中，木属于春天，而春天又是"生发"的季节。就像我们的孩子，从我们播下种子，开始生根发芽；孩子就像是春天里的小树苗，生发嫩芽，挤破土层，向上伸展。树苗长成需要分成几个阶段：

第一阶段，当孩子还处在"地底下"的时候，是最考验父母耐心的时候，因为谁都没有学过怎样做父母，尤其是第一个孩子的出生，我们自己都还是一脸茫然。通常，年轻的父母多少都会有些着急，比如有些孩子比别人的孩子讲话、走路慢的时候，家长总会焦虑；比如别人家的孩子比自己家的孩子多学会了一些技能的时候，家长也会着急。那么，有些性子急的家长就采用了刨土观望的方法，一会儿把土扒拉开，看看种子到底发芽没有，一会儿又把土扒拉开，看看是不是缺水了……这样去影响种子的生长环境和生长惯性，种子偏偏就会更晚发芽，又或者会不小心损害到种子本身。

第二个阶段，是在孩子长成小树苗的时候，有些心急的家长会去揠苗助长，这种心态呢，归根结底来自于家长对于自己的不自信。小树苗在成长中，一般会有一段时间的停滞期，看起来每天他都在迎风摇曳，就是不长个儿。其实这个时候，是小树苗在长根的时候，树苗的根在泥土下使劲地伸展，发展成一套根系系统，就像在给自己打地基一样。这个过程，在孩子的发育中至关重要，而且每一个孩子的生长速度都不一样。家长们需要做的，就是安安静静地等待与陪伴，要相信你只是还没有看到孩子的进步，而不是孩子没有进步，这点很重要。突然，有一天孩子会给你一个惊喜，在孩子成长过程中，尤其是婴幼儿早期，我们回想一下，是否惊喜不断呢？

第三阶段，小树苗开始向上伸展了，这时我们可以用一些直杆来稍稍固定一下，这个直杆的名称就是"支持"。但是给予孩子的"支持"一定要有度，如果我们对于孩子的事情事事包办，那就远远超出了"支持"的范畴，

这与绑架无异。这样的包办其实也就是明显地告诉孩子：来，依靠在我身上，别自己长了，怪累的！那无疑是在培养"啃老族"。

第四阶段，树苗在成长的过程中，需要施肥也需要剪枝，施什么肥因树种而异，施多少肥也是因树的情况而异，绝没有一个统一的标准，并且不可乱用肥料，更不要用"别人家"的肥来给自己家的小树苗施肥。不同个体对外界给予的反应是不一样的，所以为了避免造成不良反应，请亲自调配适合自己孩子的肥料。每个孩子都是有个性的，千万别用"别人家的孩子"来给自己的孩子施暴。而剪枝的动作就是"规矩"了，就像小树需要经历大自然的修剪，如果从不剪枝，不给予规范，任由小树苗野蛮生长，小树虽然也能活，但有可能长成畸形。如果等到他成了大树后却发现长歪了，再去纠正就晚了。如果等到孩子青春期发觉管不住的时候，再想给孩子立规矩就已经晚了。

第五阶段，树的一生大都在"曲直"向上，"曲直"代表了人之一生的不同状态。所以，家长不应该只希望孩子顺着一个模式去成长，孩子也是在"曲直"中才能掌握自己的生命与成长轨迹，一帆风顺的成长对孩子的将来未必有好处。如在我们工作中，有时遇到夫妻离婚前来咨询：对于孩子的心态如何把控？其实，这样的父母，我们应该给他们点赞，最起码在人生重大抉择与心情低谷的时候，会想到对孩子的影响。但更多家长是在发现孩子有问题后来咨询的，当然有这样的意识，我们也十分欣慰。家庭的分分合合对于孩子必然有直接的影响，但是这就等同于树在成长过程中的"曲"，有曲有直的人生才更完美。所以，不要过于担心你们的婚姻状态会让孩子有问题，只有积极地去面对问题才是最好的办法。

最后，水生木，教育也像人生，平平淡淡才是真。如果把孩子比喻成木，平平淡淡地等待，平平淡淡地陪伴，平平淡淡地浇水，才能让种子破土而出，茁壮成长，并长成参天大树。

4. 土之道——提供富饶的土地，让种子生根发芽

"土"代表的季节就是"长夏"，长夏是春天到夏天的一个过渡期。大家

可能听说过,夏为火,其方位于南,夏天炎热,是冬病夏治的好时机;而长夏属"土",它比夏天更湿热,经常下雨,长夏方位于中,俗称"中土"。就像我们的孩子,正是早上七八点钟的太阳,有朝气,正在蓬勃生长,但容易受到"邪毒"侵害。所以,"三岁看大,七岁看老",而七岁的年龄对于任何一个孩子都是非常重要的。

土的属性温和,代表了包容。想一想我们生儿育女,孩子来到家里,就像是一颗种子落到了土地上,土地的肥沃程度,土地的体量,都关乎种子的发芽与成长。我们可以想象一片贫瘠的土地,薄薄的一层土壤下面都是坚硬的石块,这显然就不适合大部分的种子发芽生长。

如果作为父母,在养育孩子之前,我们关注了土地的培育,那么任何一颗来到的种子,只要给予他阳光,他必将灿烂生长。这就是说,家长就是孩子们的泥土,只要让自己丰厚、柔软、足够壮大,就不怕种子长不好。

土地是万事万物中最具有包容性的物质,我们用母亲比喻大地,来表达对土地的尊重,土地可以包容万象,母亲就像是土地一样充满了爱。母爱是天生的,什么时候会启动母爱呢?就是一个女人怀孕的时候!女人知道自己怀孕了,很快就会生出一种大爱来,接纳母亲大爱的女性,会将大爱带到婚姻中。

关于父爱,有一种形容叫父爱如山,也是跟土有关,土可以堆叠成山,让人登高望远。我们在工作中也发现,父亲参与家庭教育多的,一般孩子会表现出自信,以及自制力强。所以,在家庭教育中,不管父亲母亲,拥有"土"的品质特别重要。

"土"一般代表安宁、归属、不躁动,永远在那方等待,就像是故乡。孩子成长的过程,就是种子在土里从沉睡到醒来,挺直身躯破土而出,然后再停顿,发展根基,再生长,再停顿。大家可能会发现,越小的孩子长得越快,几个月不见,孩子就变了。这正是破土而出的力量,身体越是对于外界充满了期待,这股破土而出的力量就越强大。

当孩子跨过婴儿时期,我们会发现,孩子没有小的时候长得快了,许多妈妈说,我们好累啊……当孩子没长大的时候,有些家长就会焦急,想让小树长得更高更快。请记住,一定得陪着孩子度过沉默期,要知道这个时期的

孩子就像小树一样，在扩展自己的根基。

树的根在土里扩展得越大，越深入，将来树才会长得更高更大更茂密。这时候，就需要作为"土"的家长提供更有营养的土壤环境，而不是拔苗助长，或者乱施肥乱浇水的帮倒忙。因此，以"土"的安宁接纳，静静地陪伴孩子成长，对孩子来说也许是最好的教育。

五行中"土"是黄色，代表"脾胃"也就是人体的"运化"系统。我们发现，孩子生病多半跟脾胃有关，如"积食"，现代人大都是营养过剩状态。因为怕孩子吃不饱，所以，就无节制地喂养孩子，其实从心理上分析，不断地填塞，是人在内里空虚情况下最容易实施的行为。

一般来讲，我们非常不赞同"营养齐全"，有些理科思维的家长，会细致到计算每天孩子摄入的微量元素和热量等。我们常常遇到一些家长对孩子说："宝宝快把苹果吃掉，今天还没有吃过苹果呢！"为什么每天必须要吃一个苹果？回答基本是每天都需要维持维生素的摄入，更有甚者，孩子没什么毛病，却每天给孩子喂一大堆钙片和维生素果糖等。

事实上，因为现在的食品足够丰富，而且，补充维生素等也不是以天为单位的，三五天补一次也不一定会缺营养。所以，我们建议家长，每天只给孩子摄入不多于三种的食品，比如，补充鱼肉蛋白质，就一天都吃鱼。至于怎么让宝宝一天都能吃鱼，怎样把鱼烧出不同口味、不同花样，或者即便是三顿都吃一条鱼，只要你有本事让宝贝接受，也可以。我们知道，孩子的脾胃每天只需消化同一种蛋白质就够了。一顿饭里有鱼有肉，有虾有蟹，荤素齐全，不一定能全部为孩子所接受，却可能造成消化不良。保护好孩子的脾胃，等于顾全了孩子的"中土"，"中土"稳当了，才会有更好的发展。

此外，与大家分享的是孩子的"受挫能力"。一些家长说："我的孩子太娇气了，说不得，遇到一点挫折就不行，该怎么办？"抗挫力差是现在很多孩子身上的通病。下面，我们来讲一讲"挫"。

"挫"这个字拆开看，一个提手旁，两个人坐在"土"上面。根据字的形状，让"人"坐在"土"上，就是"挫"。现在的许多孩子都在"天"上，根本不接地气，不在"土"上，问题是在"天"上的总有一天会掉到地上，并且摔得很痛。

因此,家庭教育必须要接地气,让孩子安坐在"土"上。我们想象一下"尘埃落定"是一种什么感受?踏实、完美、心满意足是吧?所以,任何状态下,人漂浮于空中,总是不大对劲的,孩子们也是一样的,让孩子知道自己能安坐在"土"上,必须先成为一个"人",成为一个"有用的人",然后再成为一个"优秀的人"。应该告诉他们理想很丰满,现实很骨感。人需要一步一个脚印,脚踏实地地成长。

我们工作室一直坚持利用寒暑假时间给孩子们做"学习动力营",有家长问我:有效果吗?有的话就报名。这让我明显感受到家长的焦虑。但是如果通过3天课程外加21天的督导,就能改变接受了好几年家庭教育的孩子,那大家生了孩子还不如直接交给我们,自己都不需要带了。显然这是不可能的。

但是,我们的动力营也正是从帮助孩子树立理想,然后教会孩子把理想掰开揉碎,放到生活中去的方法。只有这样,才会让孩子们掌握自己的命运,而不是把命运交给其他人托管,这就是落地。

在我们3天课程以及21天的督导中,有着很重要的一部分(尤其是对于小班的孩子),即我们会加入一个模块:情绪管理和沟通技巧。因为只有学会管理自己与社会交融的能力,才能真正掌握管理自己未来的能力,才有学习的动力。

每一个家庭都是孩子成长的土壤,"土"的形状和体量,决定了家庭给予孩子支持力的大小,希望所有的家庭都能为我们的孩子提供宽容、柔软、肥沃的生长环境,让我们的孩子健康茁壮地成长。

 5. 金之道——学会理财等于学会规划

说到"金",大家一定会联想到"金钱"等与钱财有关的话题,有人或许要问了,"钱财"跟教育有关吗?当然有。

我有一位好朋友,家境殷实,孩子可爱,他自己也是一位心理咨询师。有一天我去他们家玩,正好他的宝贝从幼儿园回家,抱着他刚给孩子买的电

动玩具。宝贝走到大堂里，正巧遇到了他的一个小伙伴，几句寒暄以后，宝贝非常大方地把玩具送给了那个小伙伴。

于是，我的那位朋友马上给了孩子一个鼓励，说："我们的宝贝好大方哦！"我看在眼里，急在心里，当天晚上就找了一个机会跟朋友谈起了此事。朋友说，这样的事在他们家不算什么，孩子还小，他们夫妻俩希望孩子能大气一些，毕竟家里不缺钱，不想让孩子在金钱上受到什么阻碍，可以富养。

我说，孩子固然还小，家里固然有钱，但是在家庭教育中，"金钱观念"如果缺位，那就是不完整的。谁都说不准自己的家将来会不会遇到问题（我指的是财务），就是富裕一辈子，也不能让孩子缺少金钱管理的能力，这是一个十分重要的能力。

众所周知，现在的孩子长大以后，面对的就是"你不理财，财就懒得理你"的社会环境，没有天上掉下馅饼的好事。当然，天上从来不会掉馅饼。所以，在我们的孩子们身上，理财是一种重要并且需要学习的能力。

现时有许多家庭计划让孩子出国留学，如果你现在不让孩子学习理财，那么以后的留学之路，将会出现很多不确定因素，不仅仅是在金钱上。我女儿16岁出国，她的驾驶教练非常喜欢她，他说，他在美国带了上万个中国留学生学开车，其中，只有少数的孩子非常懂得为父母的金钱负责，而大部分孩子要么没有概念，要么玩命地花钱。他比较经典的话是这样说的："像你女儿这样的留学生出国学习，即使家里倾家荡产也值得，但是那些（他指的是会花钱的留学生）家里送孩子出来就可能会倾家荡产！"

其实这么多年，据我观察，家里特别有钱送孩子出国的家庭，大部分的亲子关系并不好，如有些是父亲有钱，娶了小妻子，孩子跟后妈没有办法处理好关系，于是索性送孩子出国留学，我们在国外看到的这类留学生还真不少。这一类的孩子中，有一大部分是报复性消费，其消费模式和潜意识的心态就是：父母的钱，我不花谁花？

此外，有家长会问，那么早给孩子灌输金钱理念，会不会让他变得铜臭味十足？看起来，我国的"人情教育"和"铜臭观念"还真是根深蒂固。

当然，有不少人认为，提钱就是"资本主义概念"，就是"伤感情的"，中国人常用的口头语是"这不是钱的事情"，而这句话的背后，绝大部分的

观念就是对于金钱概念的反感。当真不是钱的问题吗？我相信大部分人是想以这句话为铺垫，来谈钱的问题，那为什么不能直截了当地说出口呢？

金钱，对于每个人来说，都是一种设限。包括家庭中，与孩子的设限，也应该包含这一部分的内容，需要分清彼此，并不是"爸爸妈妈的都是你的"。否则，家长损失的，可能不止是钱，更是孩子的一种价值观念。

经常会听到这样的话："爸爸或妈妈为了你，早出晚归，辛苦工作，你还不好好学习？"这句话有问题，什么叫"为了你？"许多人认为，我们辛苦养家，这个家主要是指孩子，因为老人有退休工资（尤其是城市里的老人）可以养活自己，而我们大部分的钱是为了给孩子用。当然，事实也许确实如此，用于孩子的开支占据了我们收入的很大一部分。但是，如果一直跟孩子强调这句话，我们会在这句话的背后看到一种道德绑架。

孩子会说："谁让你花那么多钱，帮我报这个班、那个班，学这学那，我都累死了，你花钱活该！"这就事与愿违了。如果换一种角度看问题，我们来跟孩子一起做规划，把钱分成不同的板块，让孩子可以参与分配用在他身上的那一部分费用，尤其是上学以后的孩子，大家是否会尝试一下呢？

我尝试过。我女儿出国留学的费用，来自她自己参与卖掉的一套本来为她准备的"嫁妆"——一间投资用的房子，这一部分钱不多不少够她在美国4年高中和4年大学的学费。我跟她说，如果预算规划执行得不好，很有可能你大学还没毕业，钱就花光了，你要出国留学是你自己的意愿，也是你自己的事情，不能因为你需要留学就拉低了我们的生活水平，妨碍我们的正常生活。庆幸的是，女儿做得很好，她一个人在美国十年，从高中到硕士毕业，每一笔支出都是她亲自打理的，而且没有超支，当然也没有影响到我们家庭的生活质量。大家羡慕我有一个个性独立的女儿，其实，只要愿意放手，给孩子足够的信任和支持，他们也可以做到的。我也曾试想过，如果女儿是在国内或在我们身边读书，也就没有机会经手这么一大笔钱，涉及许多跟财务规划相关的事情，这从侧面印证了很多能力是"逼"出来的。

我们经常跟女儿开玩笑地说她是"小财迷"，不光是因为她很爱和钱打交道。最主要的原因是她从小就在参与管理和她相关的费用支出，如需要上

什么兴趣班，出去到哪里玩，都是需要用她自己的零花钱。如果费用超出她自己的支付能力，可以申请家里集资或"贷款"，这样的好处就是，她上任何课外班都需要仔细考虑自己是否必需并能够坚持，以最大限度地避免浪费。

记得初二那年，我们全家去香港玩，我让她独立制订一份出行的可行性计划，不但教会了她如何查询航班、酒店和下订单，还教会了她如何写"可行性计划报告"。其中包括：概述、市场调查、行动计划、旅行攻略、集资计划等，这是她第一次完全独立管理家庭事务，我和丈夫就像两个大闲人一样配合她。当然，我们身上准备了应急的钱。这一次旅行，女儿好像长大了好多，为她的留学之路做了很好地铺垫。

有人可能要说，教会孩子理财，孩子会不会很势利？我觉得主要是需要将理财与分享合并进行教育，理财是设限，管理好自己，不侵犯他人利益（包括父母的利益），分享是把快乐带给别人，不是施舍。我女儿的理财能力很强，但从不吝啬分享，对于朋友和家人还是很大方的。所以，不需要小心翼翼地跟孩子谈钱，只要我们自己没有攀比或者追求虚荣的心态，孩子也不会有。

说了那么多"金"，其实，我最想跟大家聊的是"五行"中的金。在五行中，"金"是金属的意思，白色，代表肺部，其方位为西方，季节为秋天。大家都有体会，咳嗽时或者到了秋季养肺时，中医会让我们多喝白木耳汤，多吃白萝卜，白色食品养肺，这现象很有意思。

五行之中金克木，那么说到家庭教育中的"金"，我想把"金"比喻成家长手中的"刀斧"，用来雕刻我们的如"木"一般生长的孩子。家长雕刻得怎样，全在于手里的"刀斧"应用得怎样，合理剪枝，就像是给孩子设限引导，让养分聚集到最需要生长的部位。当然有时候，我们也会用到"扦插"与"嫁接"，让孩子们吸纳一些外来的优秀元素，这一切都是为了陪伴孩子茁壮成长。

过度频繁地使用"刀斧"，或者任由"木"野蛮生长，都是对孩子的成长不利的，任何简单粗暴的对"金"的使用，都会伤害到"木"。要掌握不伤害到孩子的教育，需要家长的不断学习与成长。

我们手握"金"的元素，当然位在西方，就如每一位家长都是心急如焚

的如来佛祖，等待自东土而来的唐僧师徒取回真经。在取经的路上，当然会有磨难，这些磨难来源不一：佛祖主动设置（家长对于孩子的要求），佛祖被动设置（所谓原生家庭烙印），或者妖怪设置（意想不到的困难），或者神仙设置（社会、学校，或如我们的训练营等，来自于善意的设置，打磨孩子们的心性）。因此，"金"是掌握在我们手里的利器，在家庭教育中如何应用是一门不浅的学问。

 6. 火之道——家庭中的情绪管理

不知道把"火"放到家庭教育中，大家最先想到的是什么？也许有人会说，先想到的是"发火"。谁都知道要对孩子有耐心，但是真的家有熊孩子时，有时候真的是憋不住要发火，并且有时候忍不住还会打孩子。

其实，谁都有发火的时候，脾气越是好的人，发起火来可能越吓人。对于孩子来说，爸妈的脾气大都是不好的。每个人的内心都有完美的内在父母，因为孩子看到影视作品里的父母基本上都是和蔼可亲的，只有自己家的父母脾气最坏。

每个人都有情绪，都有无法控制的时候，就是所谓失控的状态，因为面对社会、工作、生活，我们会有压力。而且自己可能也不知道心里的无名火是从何而来的，所以情绪管理是一门大学问。有研究表明，情绪与专注力有很大的关联性。情绪控制不好的人，往往专注力也不够集中。我们在工作中遇到的很多学习不好的孩子，几乎都伴有情绪管理的问题，而孩子在情绪管理方面的进步，会改善亲子关系，孩子的学习也将更加专注。

在"五行"中，只有水是可以克火的，所以遇到有"火"的时候，就需要冷静。在此与大家分享情绪的四步法则，就是当孩子有情绪时，我们需要通过"看见""接纳""分析""定型"来处理。

"看见"指的是孩子的情绪需要被看到，确定孩子当下的情绪是什么。可以给孩子的情绪一个准确的名称。就像是孩子哭了，但是很多情绪会引发孩子大哭，比如"委屈"，比如"愤怒"，又比如"不安"，我们要分清楚孩

子为什么哭,并且趁机教会孩子准确地应用情绪的名称来表达。由于很多负面的情绪是因为不能被看见而叠加累积的,所以在当下与孩子谈论情绪的定位时,不但能告诉孩子我们"看见"了他们的情绪,并且更有益处的是教会孩子用准确的词汇来描述情绪。给情绪一个合适的名称,让孩子更易于表达自己。

"接纳"说的是认可孩子当下的情绪,事情有对错,但情绪没有对错,所有的情绪只是提示某一件事正在发生中而已。因此,情绪是人体功能的一部分,是一个提示器,既然是这样,就应该被接纳。我们需要坚定而温柔地告诉孩子,我们看到了你的情绪,它告诉我们一些事情正在发生。一旦情绪变成有用的东西,那么孩子就不会在情绪上纠结,更不会无止境地哭闹了。

"分析"是当情绪被妥善处理后,我们需要向孩子澄清发生的事情,为什么会发生?发生后会有什么后果?怎样可以避免再次发生?教会孩子正确分析事情带来的利弊,是让孩子学会承担的最好方法。这时的孩子因为被安抚了情绪,就有了安全感,安全可以带给孩子自信的能力。

"定型"其实就是人们通常讲的大道理,告诉孩子应该怎么做,什么才是正确的应对方式。因为情绪被处理了,在理性的当下分析了事件,孩子就更容易听我们的建议。这时的建议就是客观的可以被接受的,而不是在事件开始就对着孩子讲大道理,那种做法通常会被孩子认为是家长主观武断的说教,而不愿接受。

经过这个情绪四步法,孩子不仅学会了认识情绪、管理情绪、处理事件、承担责任,家长也能从中体会到亲子沟通的顺畅感,是一举多得的好方法。

那么说到火,大家可能还会想到"火候"。教育有时候像是在炖一锅大补的汤,起先可能需要大火猛煮,大概可以比喻为孩子3～7岁的时候,古语道"三岁看大,七岁看老"。孩子的性格特质大部分是在七岁以前,由他们与父母,以及主要养育者之间的互动关系而决定的。当然,在家庭教育环境中,也造就了他们与外界的沟通模式与行为习惯,这个叫作孩子与客体关系的形成,其实就是"人格"。我们常说"江山易改,本性难易",一旦孩子养成了一种人格,那么在今后的人生当中,会影响他们所有的行为轨迹。所

以说，七岁以前，非但是孩子生理感官发育的重要时期，也是孩子心理发展的重要时期。这时是良好的教育理念输入的最好时期，我们可以抓住所有的细节来进行无缝式浑然天成的教育。

在以后的时间里，孩子开始了对于世界的认知学习，开始进入社交，也就是开始学习适应社会，适应团队和他人。因为有了学校，同学和老师的介入，此时的家庭教育就可以改成"小火慢炖"，需要多与孩子讨论其接触到的社会。如学校的事情和同学的感情等，从这些方面可以了解到孩子与他人的关系，以及社会的适应能力，可以检测和调整"大火猛煮"的各种状况。如修正孩子的一些问题，同时家长也能从中开始体悟和修正自己的观念，就像是需要给汤加一些调味。

如果想这锅汤更香浓一些，除了时刻关注外，更重要的是做到关注而不打扰。现在的许多锅子都是玻璃锅盖的，为什么？因为你可以观察，这样既能随时知道美食被炖煮的状况，也不会由于频繁开锅盖而丧失水分和香气。跟家长一样，我们需要观察，适时调整，而不需要时时控制，放手式的点拨会让孩子有自主性，同时保持方向的正确。有时候，明知故纵，让孩子犯一些错，以及保持孩子与家长的分离式沟通、自助式沟通，对于孩子的独立思考有着很大好处。

我们要有足够的耐心，通过细致的观察和适时的点拨，孩子就会像一锅经过长时炖煮的鲜汤一样，最后喝到这碗汤的是我们自己。所以，如果想孩子有出息，能够独立，掌握火候是家长在教育中必要的修为。只有这样，才能在孩子长大后（汤煮好以后）享用到幸福美味的人生。

马斯洛的需求层次理论告诉我们，自我价值的实现是每个人最上层的需求，就像是每个人的心中都有一个完美的内在小孩，这是人对于自己身份的认定渴望。当然，每个人的心中也都有完美的内在父母，而我们在寻找婚姻中的另一半的过程，其实就是要找一个完美的内在父母的替代品。

但是，每个家庭都会面临风雨，都会"过火"，在风雨到来的时候，非常需要父母给孩子撑起一把保护伞。可惜，不是所有做父母的都能强大到不以家庭纷争来侵扰孩子的世界，也就是说，很少有孩子能躲过家庭纷争。当爱情不再，信任不再，感情出离的时候，对于婚姻中的男女来说，缘分也基

本到头了，这个无可厚非。但是如果因此影响到孩子，甚至于孩子的一生，这个代价就未免太大了。

如果婚变的大火殃及了池鱼，孩子受到创伤是必然的，我们需要及时给孩子以危机干预，最好的方法就是夫妻两人放下怨怼，让对方"在场"。曾经有过的家庭个案中，就有一个妈妈，离婚后含辛茹苦地独自带大孩子，但是孩子是出奇的反叛。妈妈非常伤心，在我这里哭诉她的不容易。我询问了她与孩子的互动模式，她经常会对孩子说："你看我辛辛苦苦地一个人拉扯你长大，你那个爹不管你，你这样做对得起我吗？"显然，在表达了辛辛苦苦以外，把孩子的父亲说得一无是处是这位妈妈与孩子互动中的口头禅，在孩子那里，根本就没有父亲的一点点位置，那么这个孩子就注定是缺失一方的爱了。哪怕孩子的父母没有离婚，这种在孩子面前对于另一方的全盘否定，也会让孩子直接进入单亲模式。我让这位妈妈以后跟孩子沟通的时候要时刻带上孩子的父亲，可以告诉他孩子的一些不良行为，这会让其感到失望，但必须让孩子的父亲在场与不缺位。当然，这需要她首先放下对于前夫的恨，要真正做到这点并不容易。经过了数次的咨询，这位妈妈的情绪得到释放，也渐渐明白了孩子的叛逆背后的心理原因是渴望得到父亲的爱。最后，由于母亲的改变，孩子也随之有了很大的变化，看着他们母子关系越来越好，孩子也越来越自信和自律，真的为他们感到高兴。其实，夫妇两人相爱一场，就是缘分，没必要在分手的时候抹杀所有的过往，别把曾经爱过的人当敌人，因为那代表的是自己的眼光和自己的决定，否定对方就是否定自己。

所以，家庭中对于"火"的把握至关重要，如果把握得好，就能成就一个有安全感、自信、泰然自若、勇于实践的孩子。孩子们大都有自己的个性，只要我们能让孩子飞向夜空，他们就一定能成为颜色不一样的烟火！

 7. 水火之道——正确沟通，让水火相容

大家可能觉得水火是不相容的。我曾遇到过的一个案例：孩子上初二，被父母领到我面前的时候，无论从他们彼此之间的沟通，还是最简单的身体

姿态，我都看到了"水火不容"的样子。孩子与父母间有多大的仇恨呀？简直是剑拔弩张的状态。后来我了解到，其实孩子的父母都是高知，爸爸是博士，妈妈是硕士，却无法与孩子正常沟通，直至发展到孩子每天回到家就锁掉房间门，连吃饭都是妈妈从门缝里递进去，吃完后，孩子把碗放到门口的地上，并且这样的状态已经持续很久了。我很好奇，怎么会这样呢？

起先，孩子非常抗拒与我的沟通。慢慢地，我发现这个孩子是特别有想法和原则的孩子，我们的谈话开始变得轻松，孩子也谈了跟父母的关系。在这样的关系中，其实他也不舒服，访谈结束的时候，我布置给孩子一个功课，请他试着向父母打开心结，要求以后不可以锁门。通过交谈，他逐渐认识到只有自己走出第一步，才有可能让家庭关系缓和。第二次他们来到我这里时，我几乎是听了一个小时的互相抱怨。反馈说第一次给孩子所做的咨询，根本一点用都没有，孩子依然不开门。爸爸说，这孩子搞不好了，就是粪坑里的石头又臭又硬，没救了！其实，孩子告诉我，从那天我们访谈完回家，他就没有锁过门，而爸爸妈妈却依然如往常一样的与他不说话，根本就没有发现他已经不锁门了。听到这个消息，父母很是震惊，他们可能是已经习惯了孩子锁门，并且是被他们认定的一个事实。那次咨询时，妈妈哭了，孩子不经意地递了纸巾过去，父亲也湿润了眼眶。这让我看到了这个家庭的紧张关系有所松动，也是我们可以做工作的一个好契机。

孩子青春期的反叛，是可以通过共情、理解、接纳来缓解那股子倔劲的。但是，如果父母带着对孩子的成见与孩子沟通，那么孩子单方面的努力是不足以解决类似的亲子僵局的。

当初是什么原因让这个家庭如此水火不容呢？妈妈说孩子小时候很乖，就是上了初中以后，什么都跟他们对着干……爸爸告诉我说："我让他这样做，他偏不要。我告诉他，我和他妈妈是这么过来的，我们有了那么高的成就，作为孩子就应该听我们的。可这个孩子就是不求上进，我是恨铁不成钢……"而孩子却从不认为父母是成功的，用他的语言来表述："学历再高生活也还是鸡零狗碎，算成功么？"这就是两代人对于成功之定义的错位，如果父母不以成功自居，强迫孩子走自己的路，控制孩子的行为，他们之间的关系也不会如此僵硬。记得那次访谈结束后，爸爸虽然有所触动，但依然坚

定地相信自己没有错,是孩子不争气;而孩子虽然有了变化,但也坚持自己没有错。看起来,家庭亲子关系的冰山,并不是一两次咨询可以解决的。既然父母很固执也无法改变,那以后的咨询我基本上只跟孩子沟通,让孩子接纳自己有一对固执的父母,学会有技巧地避过父母的锋芒,虽然很难,但对于这个孩子来说也是一个很好的锻炼。果然,孩子学会了温柔而坚定地维持自己的主张,在对于目标设定和规划的探讨中,找到了自己的方向,后来考取了国内很好的一所学校,亲子关系也和谐了很多。

在"水之道"里,我把孩子比作水,把家长比做容器,这个爸爸觉得自己是一个十分完美的容器,希望水可以安稳地待在容器中,或者按照他,也就是容器的样子,成就如他一样的形状。然而偏偏他的孩子觉得不要这样的容器,因为他并没有觉得父母的生活是他应该向往的,结果一拍两散。作为家长,需要不断地继续学习和成长,如果你不修正自己,让自己强大到足以让水能够安然地待在你这个容器里,又或者觉得自己的容量太小,早早地寻找到孩子需要的更大容器,就不会造成这个局面了。

我们常说,水火不相容。但易经卦相中的"既济"一卦可以给出提示:古人在养生过程中发现,人体之中也有水火之象,火在下,水在上。人体之中水火形成平衡之态,则身体健康;如果水火倒置就会出现中医所述的"上火",那就是"未济"卦相。简单来说,火在上,水在下,是为目的不能达成的卦相,人就要生病了。

所以,想要水火相容,第一个办法就是放对位置,也就是管好自己的人生,千万不要试图用自己的成功经验去覆盖孩子的人生。对于成功每个人的定义不同,就如上述个案中的孩子,虽然父母都是名牌大学毕业,但他觉得爸爸妈妈这一生太无聊了,简直失败透顶,这样的亲子关系怎么可能相容呢?

此外,亲子之间,需要界限,千万不要把孩子视作为私产。孩子从出生那一刻就不是你的附属品,他们是独立的人,小的时候你喂养他,他用可爱回报你,给你的生活带来快乐,做家长既辛苦也幸福;长大以后,你指导他,他给你回馈,通过孩子的反应,我们需要看到自身的不足,继续学习成长;孩子青春期,要把孩子看成同路人,一起奔跑,你们是一路的,千万

别站到孩子的对立面去,孩子通过青春期,学习独立,学习离开你们后好好地开始自己的生活;等到孩子毕业,成家立业,我们也就完成了亲子之间的陪伴。所以,天底下父母之爱最伟大,因为我们全心付出的爱,为了就是修分离。

如果把孩子比作水,家长比作火,那么界限可能就是一口锅。不要小看这一层锅皮,它可以承载水,不让水随便漫延,还可以隔绝水火的相互冲突,水安然地在锅里,火在下面慢慢地让水有温度,想想这是一种多么静好的状态。我们用爱温暖孩子,让他们成为可以饮用或取暖的水,这样多好啊,为何要逾越界限,包办一切,而且那么猛烈呢?因此,家庭教育就是养成正确的水火关系,创造能够让水火合理相融的家庭氛围,是让亲子关系变得游刃有余的关键。

8. 方圆之道——无规矩不成方圆

方圆之道,方说的是规矩,是框架,是做人之本;圆是圆融、圆滑、老练,是变通,是处事之道。这个世界如果没有方,就没有规矩,就没有约束,而如果没有圆,世界则负荷沉重。所以为人处世,该方则方,该圆则圆,方圆相济,社会才能和谐。

用心理学的角度去分析,人本来就是方的,有棱角的,而且每个人各不相同,我们称之为"本我"。"本我"是按照自己的心性和需求而生活的,所以"孩子小的时候不懂事"的说法,很容易被接受。但当孩子慢慢长大,就需要更多的规矩去打磨,慢慢地,他们做人做事,就会收起自己的棱角,"自我"开始变得强大,学会了自我约束;再后来踏上社会,社会上更多的规则开始显现,"超我"开始被体现出来。

"本我""自我""超我"的概念是弗洛伊德提出的。"本我"更接近于本能的我,更释放天性的我;而"自我"是自我意识形成以后,对自己的定义;"超我"则是在更广阔的社会范畴内的自己,要符合社会要求、道德要求、法律要求的自己。

一般地说，自控能力好的都是"超我"强大的，那就不难明白为什么我们的孩子大都自控能力不佳。因为，他们正处于"超我"的发育期，"自我"是大于"超我"的，如果"本我"和"自我"产生焦虑，那就是"天性的我"和一个"自我规范的我"产生焦虑，这是我们通常讲的成长的烦恼。例如，我现在是该做功课还是看电视，因为看电视是一种本能，是符合自己的天性的，是愉悦的体验，而做功课是一种规则，感受不太美好，但是我们知道不做功课不行。那怎么权衡这两者之间关系呢，这时就会产生焦虑，这是自然的。

那么，当"自我"和"超我"产生冲突时，家长呵斥孩子，就会增加做功课的痛苦感受，让孩子更加没有心情去完成作业。如果要激发孩子的"超我"能力，可以让孩子看到做作业会有的成功体验，养成习惯，结束焦虑，慢慢地当孩子对于规则越来越习惯遵守的时候，就没有那么多焦虑了。

人就是如此，在这样和那样中来回地折腾，也是在这样和那样的焦虑中学习和成长的。事实上我们说的"方圆"，其实就是这样一种关系，我们说做人一定要内方外圆，也就是说我们的心里要有杆秤，心里要有规则，但是对外处事和做人特别是跟人沟通，你要有妥协的精神。家庭教育其实都是一样的，有规则和妥协，而最聪明的教育方法是将规则内化。在与孩子沟通的时候，坚持规则就是我们所说的"方"，而敞开规则以外的空间就是"圆"。

做父母教育孩子一般是摸着石头过河，谁都没有天生做父母的经验，我们总是一边学习一边实践，应对我们孩子的教育。规则确实是从小就需要建立的，因为我们出生在不同的家庭，每一个家庭也有不同的规则，而我们在成长的道路当中，这些规则会不断的被验证被修改。

与孩子在一起的时候，需要明确地和明白地传递我们家的规则是怎么样的。如家里对孩子的宵禁是九点，也就是九点之前一定要回家，不允许超过九点，那么不管孩子怎么样闹，或者告诉你他的同学家的宵禁时间是几点，问"我们家为什么那么早"？用类似问题来跟我们讨价还价的时候，我们必须要坚守自己的规定，并温柔而坚定地告诉孩子每个家庭是不同的。不要随意修改自己的规则，当规则不断被挑战被打破时，规则就会显得无用。

　　如果你的底线一直被挑战，那么相依的这个圆就会被搅动，也就是说教育其实是一个方圆融合的生态。有些家长会觉得，教育孩子头痛，令人身心俱疲。为什么会身心俱疲？其实就是这个方圆的生态被打破了。所以，没有规矩不成方圆。在教育中，这个"方"就是教育的内在核心。

　　当然，因为规则或者说"方"不可被随意修改，所以在定规矩的时候就要谨慎。给孩子定的规矩越清晰越好，但不需要太细致。清晰和细致是两个概念，清晰就是大的规则底线，就是红线，必须遵守；而不要太细致就是应该让孩子多一点空间，让他自己去尝试着制定和遵守规则。

　　我们知道，经常有家长喜欢跟孩子一起制定作息表，有些作息表甚至细致到分秒，家长说："没办法，如果我不帮他把时间都填满，他就会用这个缝隙去玩，所以每次订作息我都帮他做得非常细致。"是的，这个作息表做得很细致，但是有什么用呢？如果孩子没能执行，那怎么办呢？

　　问题正是太细致了，没有一点时间留白给孩子，让孩子觉得紧张，没有自信完成这样的设置，于是破罐子破摔，不再遵守了。

　　当然了，说到方圆，很多人都说中国人做事"圆"，而老外的脑子是"方"的，他们太讲究规则，不懂变通。如我女儿在申请国外学校的时候，要接受一个跨洋的电话面试，之前我们不知道对方会问什么，问题是不是特别难，因为那时候我女儿的英语口语不太好，我们都非常担心。女儿也曾经跟我商量过，是不是可以开着免提电话，然后请一位老师，在一边悄悄地指导提醒一下。虽然这个方法我相信很多家长都会觉得很正常，但我们没有采用。幸好没有这么做，当女儿用结结巴巴的英语表达时，对方老师说："没关系，我说慢一点，你如果听不懂可以问我，我再重复。"因为老师认为孩子去留学不就是为了更好地学习语言吗？这让对方老师觉得孩子是诚实的，所以根本不需要画蛇添足。

　　因为女儿在美国留学，我们每年都会去美国待上一两个月，十年来也感受到一些老外的"方"，有的时候觉得这样更好。因为规则是清晰的，大家都遵守规则，不需要通过什么非正常的途径才能把事情办好。

　　中国古人一直提倡圆融和中庸做事，但随着中国社会的国际化进程，我们需要适时调整"方圆"之间的关系，给孩子留下一个遵守规则的好习惯。

9. 方向之道——有目标地行走

古人认为天是圆的，大地则是由四根柱子撑起的，故有"天圆地方"之说。现代人则证明地球是圆的。

在前面的"方圆之道"中，我们解释道：方是规矩、框架，是做人之本；圆是圆融、老练，是处世之道。在家庭教育中，如果没有规矩，没有约束，是不利于孩子健康成长的。对此许多人表示不理解，他们说现在的教育讲究尊重孩子，给孩子空间，不要束缚孩子。春子你不是说"散养的孩子也成功"吗？

其实，我的"散养"理念不代表放任自由，我与女儿的互动，尤其早期，是非常重规则的。但是很多规则，是由我女儿自己设定的，也可以说是在我的"诱骗"之下，她自己设定的。说到底，就是怎样把规则用孩子可以接受的方法去贯彻执行而已，因为光有规则、规矩，如孩子不执行是无用的，甚至是引发亲子矛盾的关键所在。我们讲过在教育中需要多用"契约精神"，而这种契约精神用在规则的设定上可能特别管用。

那么，规则又是从哪里来的呢？国有国法，家有家规，规则一定是来自于符合规律，被大众所接受的那部分。例如，为什么要让孩子先做作业然后再玩？因为根据经验，孩子通常玩疯了以后很难迅速将心收回来做作业，这是一个由大家总结出来的规律，也就是经验规则，所以我们都不由自主地确信，孩子应该先把作业完成。

又如，到了晚上，有些孩子总是以各种理由不睡觉，看电视、玩电脑或者磨蹭着做作业。此时我们会着急，因为如果晚上不睡好，身体会出现问题，影响第二天的学习，不符合自然规则，于是我们每天晚上都要提醒孩子快去睡觉，甚至为此大吼大叫。所以规则是我们根据大部分人能接受的规律而设定的。但是，如果孩子不接纳这样的规定，我们也可以试着让他们自己定规则，但必须承担相应的后果，就好比作业完不成，必须接受老师的批评；因晚睡而迟到，也要接受惩罚。要学着做一个"狠心"的家长，让孩子自己去承担后果。再做引导时，就会事半功倍。

"方"除了规则的意思之外,还有一层意思就是我们在本章里要分享的主题——"方向"。在"方向"这个词中,"方"可以解释为方位、三维的分析,可以是时间、空间、地点的任何一点,而"向"则是有明确指向性的,有点像是朝着目标方位画出一个箭头。

孩子的成长道路,有些是螺旋式的,有些是摇摆不定呈"Z"字形的。当然,回顾我们自己的人生道路,一般不会是一帆风顺的,几乎没有人的成长道路是笔直的,但不管是走怎样的路,只要大方向不错,再怎么我们也总是行进在接近目标的路上。但如果方向错了,那就糟糕了。

陪伴孩子成长,就是帮助孩子学习需要确定目标的方法,掌握各种储备技能,等待孩子自己有一天看清晰目标,而后用上储备技能发力奔跑。千万不要替孩子决定好目标,然后用鞭子抽打着让他向前,这不叫陪伴,是驱赶或者绑架,不但会让孩子痛不欲生,而且会让自己的压力也增大。

那怎样让孩子有"方向"?首先就是观察,许多家长以为自己非常了解孩子,其实不然。我们问过很多家长他的孩子喜欢什么?或者有什么长处?他们给到的答案通常比较"水",或者与我们问孩子的情况大不相同。作为家长我们有的是时间和空间观察孩子,只是用不同的视角和心态去观察,得到的结果也会大相径庭。

为什么有些家长最后会发觉自己对孩子的了解还不如与孩子只见了几个小时的咨询师呢?这是因为观察的角度不一样,家长只有放下"我是你老子"的身段,愿意保持"蹲下跟孩子说话"的心态,采用孩子的角度去观察,才能真正感受到的孩子的实际情况。必须明白,这个由我们带到世界上的生命,有时候各方面的能量会超乎我们的想象。

其次,观察之后就需要正向地积极鼓励孩子,这是开发孩子潜能的最好手段,因为正向的积极鼓励通常没有副作用,即使搞错了方向也有利无害。

有一个个案:妈妈很焦虑孩子的专注力和拖拉的问题,觉得孩子一直手脚不停。我们与孩子做沙盘时,发现孩子总是会慢条斯理地先把所有他需要的沙具都拿出来放到地上。这时,在一旁观察的妈妈就显得十分着急,几度想要制止,我马上示意她看着孩子不要说话。果然,等孩子全部拿齐以后,再一组一组地放到沙盘里，整个过程有条不紊。半小时我们都没有说过一句话，只是陪伴。孩子也从一开始不断瞟着我们到安下心来专注沙盘，最后在沙盘有了一个比较完整的作品呈现，并且很流畅地讲了一个关于沙盘的故事。孩子的母亲感到震惊，因为闭上了嘴，沉下了心，她才得以看到一个有自己计划的孩子，有能力完成任务的孩子。原来她觉得孩子不专注是因为她平时一直会打断孩子的行为，而她觉得孩子做事拖拉，很多时候只是孩子的做事方式与她自己心里的想法不符而已。

顺便解释一下沙盘，孩子们都喜欢沙盘，沙盘是我们工作中经常会用到的一个辅助工具，是心理咨询中运用非常广泛的一种工作方法。沙盘治疗的过程一般比沙盘呈现出来的镜像更加重要。就像这个孩子在做沙盘活动的过程中，我们发现孩子有计划性，有坚定的想法，并且有能力将自己的想法准确无误地表达出来，这是他妈妈平常没有关注到的。我们与他妈妈讨论并给予孩子正向的鼓励后，看见了孩子充满自信的眼神，跟他妈妈为我们描述的孩子有着很大的不同。所以，耐心地等待与陪伴，善于发现孩子的闪光点，用正向的视角去观察孩子，并及时做正向的鼓励以固定孩子的优点，就是找到了一把挖掘孩子潜力的铲子。

再者，就是调整。每个人都不是完美的，这是因为世界上不存在天生的完美。愿意成长，愿意调整自己，同时愿意与孩子一起长大的父母，才能向着完美不断跨进，成为自己喜欢的样子。换言之，就是努力成为完美的自己，成为完美的父母。不断调整就很有必要。前面说过，没有一个人一生走的路是笔直的，走点弯路没关系，只要适时调整，学习各种更好的方法来调整和引导孩子，是让孩子向着自己成长的方向进发的必要条件。

在成长的过程中，我们会感受到迷茫和彷徨，当然也要接纳孩子的迷茫。没有人可以去安排别人的生活。对于孩子的目标，我们需要跟孩子一起讨论，而非简单粗暴地将决定硬加给孩子。讨论的方法需要有测试，需要全方位地了解孩子，包括他们的性格、爱好、能力。此时，帮助孩子看到更多的方向。然而一旦定下了方向，就必须教会孩子根据目标行走，如此才会不走弯路。

 10. 风之道——抓住每一次教育的时机

中国的八卦里有个字"巽"读xùn，与"谦逊"的"逊"同音。在古代，巽不仅代表"风"的意思，同时也代表谦恭、卑顺；而在《易·说卦》里，说"巽"就是"股"，所以"巽"还有一层"辅助"的意思。其实，单从"巽"字的以上解释就知道，其与教育有着彼此相关的信息。

教育孩子对我们来讲应该是一件需要"谦逊"去对待的事情，一件辅助孩子成长而非替代孩子成长的事情。任何一位家长，如果只是站在"我是家长必须听我的"这样的角度去跟孩子沟通，孩子通常不会买账。孩子年龄幼小时不敢反抗，但等到他进入青春期，有了力量以后就会反抗。所以，孩子一到青春期，就像是蓄积已久的风力，会形成一股狂风暴雨，让家长们措手不及。

家长是这样，老师也是这样，任何一个高高在上的教育者，都是制造这股狂风暴雨的始作俑者。教育孩子需要和风细雨。但天有不测风云，我们有时会处在情绪失控状态，难免在生活中引发狂风巨浪。那么，怎样才能让生活既有惊涛骇浪，又有和风细雨呢？这就需要适时地调整风向、风力，并且学会使用"风"之特性——谦逊的态度，贯穿在教育中，同时敢于承认自己也需要学习和进步，那样孩子们就比较能接受我们的提议和要求，不会在青春期的时候形成回旋风。

风是由空气对流形成的，孩子原本就是纯粹干净的空气，被教育环境搅动着、对流着，并被外力推搡着，在天地间奔跑。风是无孔不入的，不管天地有多大，风都会无处不在，只要我们不人为地设置障碍，风将跑遍每一个地方。风向往自由，就像孩子们没有学会走路时急着想跑，总想摆脱父母的掌控，去游走天地。因此，当孩子过于自由的时候，家长就会担心，这种担心源于我们自己对世界不确定性看法，也源于长期的社会化所造成的刻板印象与模式。让孩子自由地探索，对家长来说是绝对需要勇气和智慧的，既不能用简单粗暴的"堵"的方法，也不能用不管不顾的"放任"的方法。

在教育环境中，我们会遇到各种各样的外力。例如，学校对于孩子的要

求，社会对于教育的要求。我们的教育环境可能还不尽如人意，教育改革还有很长的路要走，需要不时地调整心态，去应对教育中的外力。那么，家长们怎样才能力排外力去尊崇自己的教育理念与方式呢？简单地讲，就是有目标地去学习、去成长，千万不要人云亦云。前面讲过，教育没有千篇一律的方法，也并非所有的方式都能适应你的孩子，在学习教育孩子的同时，最主要的是自我成长，开阔眼界，获得一个自信的自我，只有自信了，才不会受到过多外力的影响，并总结出一套自己的借力打力之法。说到底，就是要先懂"道"。

许多年前，有位朋友曾跟我探讨过"我们生养的孩子不是我们自己的，其实都是在为社会生养"。乍一听之下，觉得这位朋友讲得过于正式，但细细想来，又何尝不是呢？我们既要教会孩子们遵守社会规则，又不能压抑孩子们的人性，似乎是件两难的事情。所以，就像大风起兮，只有掌握风的原理，才能通过适度引导，让孩子们如自由的风一样在天地间舞动。这个原理归根到底就是"修分离"！像我这位朋友一样，孩子生出来就把他看成是社会的，而非自我的，就会有一个良好的心态。

风在八卦的解译里，还有"机会"的意思。教育本身其实就是让我们再一次成长，孩子是我们的镜子，孩子会怎样发展在很大程度上取决于父母是怎样的。人们所说的"原生家庭""家庭排序""依恋关系"，其实都是与父母息息相关的重要原理，也就是"道"。教育是给孩子成长的机会，也是给家长成长的机会，并且，在教育中需要抓住每一次可以言传身教的机会。如我们一直在讲座中所讲的孩子做错一件事情就要及时处理的问题。孩子在错误中成长，要抓住孩子犯错的机会让其学会接纳、聆听、感受、遵守、承担。大概只需半小时，过了这半小时或不好好地去对待这半小时，我们就可能失去一个很大的教育机会，以后等孩子养成了负性的行为后再去纠正就不那么容易了，或许需要花更多的精力与时间。故而，抓住机会教育，远比平时唠唠叨叨的教育来得有效。

《易·说卦》中说到"巽旺于春，衰于夏"。孩子是春天的力量，越早教育越容易有效。所谓"三岁看大，七岁看老"是有一定道理的，所以，我们需要抓住风的"机会"、了解"风起"的原理，合理引导风向，并充满智慧

地借助外力，让孩子们自由而又快乐地成长！

11. 度之道——爱有度，奖有度，罚有度，情有度，理有度

在教育中有一个非常重要的元素，就是"度"。对于孩子的鼓励，对于孩子的批评，都是绝对需要的，关键是"度"的把握。

比如，几乎所有的教育专家都会提出要多鼓励孩子。但是，鼓励要有"度"，不是孩子所有的行为都可以鼓励的，如果是毫无理由的赞美那不叫鼓励，因为不恰当的鼓励往往弊大于利。如孩子打了别人，或者凭小聪明取得了一时的利益等，此时鼓励就是在害孩子。鼓励孩子是通过肯定的语言，使孩子正向的行为得到确认和定型，并且思考能不能更好地完成行为结果。所以，适时或适度的鼓励，再加上对结果能够提升的思考，能让孩子确信他的行为是有积极意义的。

此外，满足孩子的欲望，需要掌握"度"。对于孩子提出的要求，是否满足、何时满足、怎样满足，都是需要确认与商榷的。如孩子在1岁左右，是寻找生存依靠，寻找安全感的时候。这时可多用肢体语言去"满足"孩子，抱抱孩子，抚摸孩子，与孩子亲昵等都是非常好的做法。至于"延迟满足"，在这个时候就需要有度。"延迟满足"被不少人认为是培养孩子独立性和耐心的好方法，但在孩子的这个年龄段，刻意或者经常性地使用"延迟满足"，会让孩子的内心感到恐惧，造成孩子长大后没有安全感。

孩子2岁以后，自我意识开始慢慢呈现，这个年龄段的孩子最常说的是"我"和"我的"，有些家长担心孩子会比较"自私"。其实，2岁正是孩子心理发育的一个重要阶段，如果因为害怕孩子变得"自私"而过度地指责孩子，就会令孩子变得不确定，长大后可能会在人际关系中出现问题。所以，适度地与孩子探讨"你""我"，帮助孩子满足对于"我"的探索和追求，是孩子认识自我、建立自我的好方法，这样的孩子容易建立起自信。

3岁以后的孩子，开始探索性别，对于异性父母产生好奇与依赖，家庭中父亲对于孩子教育的参与程度，往往决定了孩子的独立性。有一幅图令人

印象深刻,画中母亲跟孩子在划船,而父亲只是出现在水中的倒影里。有太多家庭的父亲因为忙,把所有教育孩子的义务推卸到母亲身上,这让孩子缺少一种榜样与力量,孩子以后容易依赖性强,成为"妈宝"式的孩子。另外,隔代教育,或者过度迁就或满足孩子,则容易造成溺爱。

在教育中,惩罚孩子也需要"度"的把握。像狼爸那样,动辄打孩子,是一种过度的教育行为,虽然"棍棒底下出孝子",但这样的教育方式会给孩子的心理留下怎样的阴影,是需要深入探究的。如果孩子的心理不健康,那么即使长大有出息,又能幸福快乐吗?我有一位特别优秀的好朋友,但他曾说过一句"我是没有童年的",真的让我们尤其是学过心理学的人觉得如鲠在喉。

那么孩子可以惩罚吗?答案是肯定的。如果没有惩罚,就不能教会孩子为自己的行为负责任,如果做任何事情都不需要负责任的话,那么孩子从小长到大,都可以不顾一切地生活在"自由"里。我们应该明白,如凡事都不负责任,又怎能在社会生活中安身立命呢?那么,怎样的惩罚才是有"度"的?那就需要既"合情"又"合理"。"合情"就是符合当下的情景,及时的惩罚或者及时的约定惩罚很重要,如孩子在公众场合犯了错,并且影响到他人,就必须及时当下地跟他人道歉(道歉不能算惩罚)。即使没有影响他人,家长又想给孩子留面子,也需要约定回家后的惩罚。在事情发生的情境里提出惩罚或实施惩罚,可让孩子的负面行为止于惩罚,学会承担后果,其在孩子的成长过程中是十分重要的。"合理"就是需要符合孩子的承受度,过度了会让孩子不能接受或者反抗,过弱了可能起不到作用,最好是与孩子商量决定或至少取得孩子认可的惩罚,并且督促孩子自觉地完成惩罚,才是最有效的。

俗话说"三岁见大,七岁见老",孩子的许多心理储备是在3～6岁建立的,而这个时候不管是鼓励、满足,还是惩罚,如能掌握"度"的话,会让孩子体会到得失、分寸都是有章可循的,不过度地张扬自己的个性,才能得到大家的喜爱,从而建立起自信与独立的人格。

爱有度,奖有度,罚有度,情有度,理有度。有"度"的教育是"润物细无声"的教育,在看似平淡的生活中,处处都隐藏着教育的契机,让教育

不着痕迹，才是最高明的教育方法。

"度"是教育纵深发展的重要元素，需要家长在平时的生活中逐步积累。当然，首先要积累"教子之道"，其次要积累与孩子沟通中让彼此最舒适的方式，轻重如何需要家长根据孩子个性的不同去拿捏，不过度的教育才是最好的教育。

 12. 限之道——明确界限，放下控制欲

中国五千年的文化传承，使得家庭中人与人之间的关系有了一定的行为规范。注重礼仪，讲求规矩，遵循伦理，一直是我们的传统。但是，经历了社会高速发展与西方文明的冲撞和融合，现在的中国家庭有了新的时代烙印。与此同时，伴随着现代家庭礼仪等的丧失，让人与人之间的距离感产生了偏差，如过年的传统味道越来越淡，以长者为尊等理念越来越被所谓的平等人权稀释淡化，甚至家庭的道德规范也随之发生的一些变化。虽然不能说这些变化都是不好的，但必须重新审视一些文化现象如"快餐文化"等给孩子带来的危害，因为这些变化在很大程度上会对孩子的成长产生比较大的影响。

在现代家庭中，有一些教育方式令人头痛，几乎我们每个人都有这样或那样的经历与感受，如被父母不合理要求，以及强迫或者越界干涉孩子的事情等。这些"越界"现象还包括："你的就是我的""我们的都是你的"等家庭里最常听到的话语。应该说人和人之间，必须要有比较明确的界限——确认自己在家庭中的角色，以及明白他人的利益不可侵犯。事实上，许多父母十分清楚需要"尊重"孩子，但是却经常以"爱"的名义僭越父母的本分去干涉孩子，尤其是当青春期遇上更年期。说到底，这些都是家长的不安全感导致的，而当我们的不安全感在孩子身上体现出来时，往往有着深刻的印记——"控制"。控制是人类对自我进行肯定的一个重要武器，当人能控制局面时，人的内心感受会安全，而当局面失去控制，人的内心会感受到"恐慌"。这就是近几年我们经常面对的"抓狂"的家长们真实的心理写照。

我们必须明白，每个人都有自己的行为界限，就像孙悟空在地上为唐僧划出的圈一样，随意逾越，就会有危险，这份危险存在于人际关系、家庭关系和亲子关系中，一般会伤人伤己。因此设"限"在家庭中最难，但也是最容易得到锻炼与认可的训练场。我们应该把自己的角色正确定义，在每一个角色下划出我们的"限"，也就是在我们与孩子之间讨论并设立出一个"限"。例如，2005年，我们搬了新家，女儿有了自己的新房间，于是在装修时，我们就充分听取了她的意见，因为这个房间主要是她居住的。女儿为此设立了自己的界限，其中包括我们不得随意进入她的房间。这个设置相当合理，但我们担心的是她的房间可能会很乱，如何进去帮忙打扫。这一点，估计很多家长也有同样的想法。然而，这样的设置也有好处：它的意义在于孩子需要自主地规划和收拾她自己的"烂摊子"，培养了其自主自立的品格。那么，如果孩子比较懒，房间一塌糊涂不收拾，家长又不能过界怎么办？此时，我们用的一招就是允许并且鼓励女儿经常邀请同伴来家里做客，并且她的客人得待在她的房间里，相信每一个孩子都不希望别人说自己脏乱差。这是一个好方法，这些年我们屡试不爽。

在我们家，女儿的事基本都由她自己决定，自己规划处理。这么多年来女儿没有让我们多操心，虽然我们的亲子关系非常好，但家里每个人都有自己的领域，大家可以相互扶持但从不越界。总的来说，家庭关系如果能够和谐相处，在很大程度上得益于界限的设置和把握。

此外，"限"除了界限，还有规范的意思。关于规范，我曾在《散养的孩子也成功》一书里讲了"上限"和"下限"。虽然我的女儿是"散养"长大的，但是散养不等于不设限，不等于没有规矩，散养就是把孩子成长的空间扩大，也就是"上限"需要设置在可控的最大范围内。我所理解的范围包括：不触及社会道德底线，如不伤害他人不伤害自己；不触及家庭伦理底线。通常，每家每户都有自己家庭独特的规定，某些规定可能是家族传承的，可能与众不同，没有对错，如果家庭坚持，孩子也需要遵守。当然，它必须建立在社会道德底线之上，不能给家人带来麻烦。例如，孩子需要管好自己的学习，不给家长增添额外负担等。在我们家女儿的合理要求基本都能得到满足，但所有的满足都不是无条件的满足，超出家庭可承受范围的必须由她自己想办法解决。给孩子无限大的上限，可以让他们自主决定与解决自己遇

到的问题,如此我们可能真的会在孩子身上看到许多意想不到的闪光点,会发现孩子充满了想象力,以及执行力。并且因为我们不干涉孩子的决定,孩子也更愿意分享他们的决定,征求我们的意见,这是良好的亲子关系与培养孩子独立自信的有效方法。

而我们的下限,一定是明确和坚定的,需要斩钉截铁地告诉孩子,并且要附上如果触碰下限,孩子将会受到怎样的处罚的条件。这样会让孩子养成承担责任,说一不二的品质。但是处罚不能超出孩子生理心理所能承受的范围,不然容易引发新的创伤,而童年时期的创伤(包括基本经历、内心冲突、精神创伤等)会成为其成人期之心理疾病的主要原因。

总之,孩子的成长,很多时候来自于父母的坚定,我们的每一次设限都是给孩子以规范与空间。家庭教育是一个需要智慧的事业,可以说是所有行业与职业中,最为困难、最容易体现自我价值,也是最有意义、最容易获取快乐的一份工作,并且是可以视作终身事业的所在。让我们与孩子一起快乐成长。

13. 律之道——培养孩子的自律性

大家看到"律"这个字首先会想到什么?可能是纪律、自律、规律、律动、法律、定律等。其实,这些词语大都与我们的家庭教育有着千丝万缕的联系。

我们从小就被要求遵守纪律。纪律是每一个单位在特定的时期制定的规则,而大部分规则都是对甲方有利而制定的。例如,我们从小上课的时候就规定要遵守纪律,上课时要把双手放在背后,这大概是为了不让孩子做小动作,作为孩子只能被动接受。虽然这样让整个课堂看上去十分整齐,可是孩子们的思想是不可能被"固定"起来的,即使手背在后面了,开小差的孩子依然会开小差,这样的纪律等同于虚设。

在家里,制定纪律需要分场合。因为纪律本身是有个性的,所以在教育孩子遵守纪律的时候,或者说教育孩子一定要遵守纪律之前,我们有必要将

这个纪律的特定场合、它的意义以及如果不遵守会得到的惩罚，跟孩子讨论一下，开个家庭会议，而不是盲目地要求孩子必须服从。

我们在家里可能会遇到这样的情况，跟孩子说啥他们都听不进去，但学校的纪律，孩子基本上都会遵守。于是，我们需要教会孩子客观理解家庭与学校的区别，以及纪律制定的必要性，让孩子学会遵守不同的纪律。另外，说到自立自律，许多家长反映说孩子没有自制力，经常被一些好玩的事情，如上网、打游戏等吸引，无法自拔。在此，我们需要阐述一下孩子的发育过程。

用精神分析的理论来讲，1岁以内的孩子是处在一个"我要活着"的状态，也就是说这时期的孩子，对自己能不能活着是最在意的。从精神分析的这个角度来看，这个时期被称为"口欲期"，这时期的婴儿如果能与抚养者有着比较好的互动，就会产生安全感使之养成愿意对外界探索的习惯，一般称之为"希望的品质"。这里的主要抚养人大部分指的是妈妈，但在理论上，只要这个抚养人能对孩子的需求给予及时的回应和满足即可。如孩子哭了，应该先回应一下孩子，但不一定要马上去抱他，可以用到"延迟满足"，而"延迟"不等于不理睬，如果孩子长时间得不到抚养人的回应，一定会经受创伤。让孩子知道抚养者已经了解到他的需求是非常重要的，因此这个时期如果主要抚养人跟孩子互动有效的话，孩子就能获得安全感。

孩子1～3岁时，我们叫作"肛欲期"，这时期的孩子需要学习控制自己的大小便，其自主意识开始增强，如独立占有的欲望，表现出来的行为有时比较自私，爱发脾气。这个时期如果过于溺爱，任由孩子自我膨胀，那么孩子将来可能会养成自恋自大的性格；但如果在这个时期过于克制孩子去认识自我和发展自我，那么将来孩子就可能无所作为。

这个时期，父亲或者说代替父亲的这个角色就显得特别重要，父亲与孩子的互动展示了一种男性的品质和担当，包括威严、力量等都是孩子学会自律的重要参考。如果孩子不够自律，请检查一下父亲的角色在教育当中所起到的作用。当然，这个父亲并不是一定指血缘意义上的父亲。在我们的一生中，有很多人可能替代父亲的角色，比如一些重要的朋友、亲人、老师，甚至于有着父亲特质的妈妈，在孩子成长的过程中，成为其自律自主形成的关键人物。

然而有些家庭，父亲的角色虽然较好，也没有缺失，但是孩子为什么就不能自律呢？这就需要我们用积极的鼓励来增强和完善孩子自律的行为，如被表扬。孩子一旦有了自律的行为，就需要用正向的鼓励来加以定型。另外，有些孩子比较拖拉，那么为什么拖拉？我们可以换位思考一下。有一个案例：妈妈说孩子小时候是比较自律的，但后来就不太愿意学习，作业做得慢，拖拖拉拉的。然而孩子却说，以前他很快就可以完成作业，但他妈妈总觉得他作业完成得太快是作业量不够，或认为不认真，于是托朋友找来其他学校的卷子给他加量。他感到没办法了，只能用拖拉来对妈妈做无声的对抗。通过咨询，他妈妈最终意识到了这点。由此可见，有时孩子拖拉的真正原因可能在家长身上。

其实，想让孩子具有自律性，先要允许孩子自己合理的安排时间，把时间还给孩子，不要干涉孩子觉得开心的事情。如果我们能够让孩子自由地支配时间，相信大多数孩子是不会拖拉的。当然，这需要有一个训练的过程，尤其当孩子开始读小学的时候，这是帮助孩子养成自律的非常重要的时期，当自律成为一种习惯，家长们就会少一些烦恼。

"律"也有律动的意思，律动从字面上可以解释为：听到音乐后按照节奏并通过身体的方式表达出来的一种感觉。通过这个解释，我们可以从中看到一些关键的词语：音乐、节奏、身体表达、感觉等。如果将这几个词提炼出来以后，大家的脑海里是不是有这样的感觉，即人际关系的影子。是的，律动是有节奏的人际关系，所有的表达源于内心和感觉，其在家庭关系中十分重要。我们的身体是能够表达爱和表达感谢，极其内心的。所以在家庭教育中，我们要善于运用这样的律动，与孩子保持同频同步，与我们身边的人保持同频同步，这些都是每天需要检验的内容。如果不与孩子保持一致，那么跟自己孩子的互动就会受阻，孩子会感受不到你的同理心。如果孩子感受不到你的同理心，感受不到你跟他站在一条线上，那么就会心向外而生了，这也是许多青春期的孩子表现出强烈逆反的原因。人们常说"顺水行舟舟易行"，对待孩子的教育，也需要顺水疏导，如果不与水朝着一个方向行进，船就会比较容易地被打翻，这与我们的家庭教育是同一个道理。

律动是有规律、有节奏的，它守护的一定是一个平衡定律。在家庭教育中，太重于哪一头都会打破这种规律和节奏。如果只以孩子为主，那么爱人会失去平衡，进而孩子也会失去方向。当孩子降临人世，意味着原有家庭的平衡就已经被打破了，许多夫妻因此开始吵架。这其中有观念和理念的不同，但更多的是因为平衡和节奏被打破。此刻，我们需要用爱来维持平衡，既要懂得爱自己，让自己有空间，保持良好的状态，也要懂得爱孩子，让孩子有成长的空间。

家庭生活需要有节奏、有规律，我们做任何事情，尤其是关注孩子教育的时候，千万别忽视了自己的成长和家庭成员之间的互动关系。

 14. 责之道——让孩子成为有责任心的人

"责"字下半部为宝贝的"贝"，指钱币，而上半部是"朿"的变形。"责"本义是索取财物，也可作名词解，意思是欠别人财物，此义后被"债"字取代。中国的文字很有意思，如果"拆"字分解，常常会在一个字中看到它的含义。如果我们把"责"的上半部看成一个"主"字，或者一个"王"字的出头，那么就可以运用在家庭教育的理念中。

先说说"主"字，如果把"主"和"贝"结合在一起，那这个组合就提示了如我们想让宝贝有责任感，必须处处体现一个"主"字。现在有许多家长（尤其是爷爷和奶奶们），经常会与孩子说这样几句话："你要好好读书，其他啥也不要管啦！""家里的事啥也不用你做，你还读不好书，你对得起谁？"试问，如果孩子从小就被暗示说"只要好好读书，其他都不需要操心"的话，那么孩子怎么可能有责任感，因为对大部分孩子来说，学习并不是一件容易的事。除了学习，其他都不需要做，如此学习就会变得过于重要，而且无趣。许多孩子嘴里说"学习是为了将来能过上好的生活"，但如果目标不细化到各个阶段，那就是一个"假大空"的行为摆设。这一边，孩子不清楚究竟是为谁读书；那一边，家长又让孩子为了读书，而放弃所有的其他责任。"啥也不用做"看起来是给孩子留出了成长空间，让孩子用最多的时间，

最大的精力读书，但在潜意识里，却是以爱的名义剥夺了孩子给自己"做主"的权利。这会让孩子感到迷茫，如果没有明确的成长目标，势必将关注点放到其他地方。并且，长大以后更会成为一个没有担当，没有主见的人。

孩子除了学习，在其力所能及的其他事情面前均应该自己负责，这是孩子从小就应该养成的好习惯。但是孩子小的时候，自控能力不够，因为人的本能是趋向于自由的。弗洛伊德有"本我，自我，超我"的理论解说。所谓"本我"就是人应该追求的自由的个体；"自我"则是按照大家接受的规则约束"本我"的那个我。当孩子慢慢长大，"自我"越来越强时，其自控能力才会越来越大。如果让孩子从小担当一些事情，如家务以及孩子应该具有的自我管理，就会使孩子从自主变得自信和自立。

将孩子培养成有责任心的人，从某种角度来看一点也不难。首先，从小培养孩子对自己的事情负责任，而不是从小就做"甩手大掌柜"，而家长也要让自己变得更加容忍。容忍孩子自己做主时不那么尽善尽美，千万不要为了看不过孩子的"无能"而越俎代庖，剥夺孩子建立起责任感的机会。

其次，要让孩子在自己做主时，能够掌握尺度，按规章办事，也就是"王法"。国有国法，家有家规。对于自己做过的事情，要承担相应的责任，这就是王法。同时，要让孩子知道任何一件事情都应该自己承担后果，而在此之前，家长应该帮着先评估一下后果。例如，孩子学习洗碗，家长就应预测到孩子洗不干净，或者将碗打碎等后果。也就是说，家长在让孩子做任何一件事情前，要把失败的后果想好，如果能接受最坏的结果，那就放手让孩子去做；如果承担不了，就要跟孩子讲清楚事实，千万不要一边让孩子洗碗，却又在孩子洗不干净或打碎碗以后，指责和批评孩子，这样往往比不让孩子干活的后果更加严重。

在生活和学习中，孩子犯错是难免的，接纳孩子的错误，将孩子的错误解读为"成长的代价"，帮助孩子分析，而非一味指责，是对孩子尝试新鲜事物之动力的鼓励和保护。让孩子为自己的错误心甘情愿地去"买单"，其首要条件就是少指责、多理解，别轻易把自己变成孩子的敌人，必须保持跟孩子同一战线，或采取中立的态度，使孩子更有自信和能力去解决好每一件事，并且有勇气去面对错误，去善后自己做错的事情。

在我们家，我们对女儿十分包容。比如有一次，老师要来家访，本来说好是晚上5点，结果我们全家饿着肚子等到7点老师也没来，等我们到了外面的饭店坐下准备吃饭时，老师却打电话来说自己已经到我们门口了。按理说我们应该赶回去，因为老师是第一次来家访，但是看到女儿有情绪，我们就非常理解，因为确实是老师有错在先。所以我们委婉地告诉老师，请他改天再来。看起来我们处理这事有点不近人情，但我们没有因为想给老师留下好印象就一味迁就，其实也是让女儿知道，在父母眼里，很多决定都对事不对人。通过这件事上，女儿知道我们是有原则的父母。这就是我们敢于把一个16岁的女孩独自放飞到遥远的国外去留学的原因。因为我们确信，如果女儿遇到任何事，第一知情人一定是父母。

一般地说，在与孩子的沟通中，做家长的有时很难控制住情绪，因为我们从小也没有好好学习过情绪管理，所以家长不是圣人。如果遇到问题千万要放下家长的架子，要敢于跟孩子认错，同时告诉孩子刚才我的暴怒，一半是你做了让家长难以接受的事情，一半则是我没有能够好好控制自己的情绪。必须让孩子学会如何处理情绪，并把情绪摘除在事情之外，客观地看待所发生的事情是直面责任时特别好的一种处理方式。

15. 平衡之道——维护家庭平衡，让孩子健康成长

传说中天地万物之远古是混沌的状态，混沌生太极，太极生两仪，两仪生四象，四象生八卦。在易经里，已经非常明确地指出了万事万物都有"平衡"。生命真是神奇，在我们的体内有阴阳平衡，它们是一对相互抗衡，又相互依存的存在。当人的阴阳平衡时，身体没有问题，一旦打破平衡，各种不适就会接连而至。

例如，我跟中医老师学艾灸，当老师在我背部的命门穴进行艾灸时，瞬间背后的暖流就像一棵树的生长那样散开，让我亲身感受到了"经络"是什么。当我开始窃喜自己身体经络的通畅与敏感时，中医老师却严肃地告诉我说："别骄傲，通畅的经络可以带来好体质，但是如果不注意关爱身体，你比

经络闭塞的人更容易患病,就像没有门的房间,大家进出自由,但是也比有门的房间更容易混进坏人一样……"我不知道这种比喻,大家是否知道到了"平衡"?万事万物都是辩证的。果然,学习艾灸的第二天,我就咳嗽了,老师的解释是这样的:你的体内,本来阴阳平衡,所以体质很好,艾灸命门,提升了你体内的阳气,相对而言,阴气就低了,阴阳不平衡就让你身体里原来存在的病灶表现出来,其未必是坏事。所以,最近几天,你最需要的就是"滋阴补阴",提升阴气,使身体恢复到原来的阴阳平衡,那你的体质就提高一个等级了。

由此我开始举一反三地把平衡的原理应用到我的工作实践中,我仔细观察每一个来到工作室咨询的家庭,发现了许多的不平衡的现象。比如,有一个家庭妈妈是全职太太,爸爸养家糊口。来到我的工作室,爸爸基本无语,孩子没有说话,只听到妈妈一个人在不停地叙述。说是叙述,其实还不如说是用"控诉"更为妥当。像这样妈妈非常强势的家庭通常有不少,但我感受到的是这家人就像生活在一个永远静止的跷跷板上,妈妈在一头压着板,拼命地跳,而孩子与父亲相依守护在另一头的高处,虽然是两个人,然体重相加也压不下这个跷跷板,因为家庭关系明显失衡了。

在如此失衡的家庭中,妈妈想用怒气来撬动家庭平衡,想通过使劲的跳来撬动孩子的学习和情感体验。但妈妈不知道自己已经将整个家庭压迫到失衡了,更没有看清楚是她将跷跷板的一头压得过低了。如果不改变自己的位置和做法,"撬动"家庭就是无稽之谈。因此,我们帮助妈妈慢慢地放松,努力让整个家庭的现状有所松动,只有把平衡的机制注入这个家庭,才能找回家的重心,让整个家庭关系处于平衡的状态中,避免走近"死循环"。

另外,许多家庭都可能存在的就是,在家里孩子最大。我曾看过一篇文章,讲的是不要把孩子培养成"白眼狼"。写得非常好。当孩子小的时候,尤其是独生子女家庭,6个大人宠1个孩子,让孩子觉得做什么都是应该的,就像是:如果你每天都拿一块钱给门口的乞丐,但是有一天出门,你发现身边只有五角钱,于是你就给他五角钱,乞丐一定会不高兴的。所以习惯性的受赠,会让受赠者与授予者都有心理压力,当孩子的条件你都答应,习惯之后,等到某一天你因为自身原因答应不了孩子的要求时,你会不会感觉到有

一丝难受？一定会有的。并且，可能悲情的妈妈还会对孩子说："妈妈对不起你，没有能力给你最好的，让你受苦了。"那么请问这是不是意味着：妈妈自己受苦没关系，孩子却不能受苦，凭什么呢？

我们将孩子生养到这个世界，给了他生命，给了他遮风避雨的家，凭什么要保证孩子一辈子不吃苦？答案可想而知——就是孩子在家庭中的位置太重，而让整个家庭和父母失去了平衡，结果很可能是"竹篮打水一场空"。

我女儿从小就知道自己是"寄生虫"。在家里我承诺保证她的话语权，但不赋予她决定权，除了她自己的事情，包括每天晚饭吃什么，我从来都不问也不许外婆问孩子想吃什么，当然，老人家很难做到。于是，我就不停地强调，她是一个小"寄生虫"，每天大人吃什么，她就得吃什么，不能挑食。我的义务就是不饿着她，不冻着她，养活她就好了，想吃好的，必须等到我们想吃的时候。我们通过这样的方式，让女儿明白这天底下并非她最"大"的道理，也养成了她现在非常会照顾别人的感受，以及非常孝顺的品质。

事实上，在家庭中还有一种平衡叫"隔代教育"，这是三代人之间的平衡，许多家长跟我抱怨隔代教育带来的孩子教育问题。当然，爷爷奶奶对于隔代的宠爱就像是一种永远也治不好的传染病，老一辈对孩子的养教问题总是持不同的理念，怎么平衡这样的问题呢？我们的忠告是：处理隔代养教问题，需要像过马路一样，左看看右望望。向右看好比年轻父母的教育理念，许多家长非常关注孩子教育，听很多课，看很多书，身处紧张焦虑的教育环境中，他们的教育理念已经被洗脑了，好比是习惯性地向"右"望，已经成为思维定势。老一辈人对于教育也有思维定势，认为你们那么紧张干吗？我们以前带你们可没那么难啊，你不是也一样有出息吗？好比是习惯性地往"左"看。因此，如果只关注于各种现代教育方式，认为老一辈的教育方式都是过时的，那与只看右边前进的车辆，而不看左边过来的车辆，横冲直撞地过马路有啥区别呢？

比较有效的方法，就是在路边停下脚步，看看右边的同时观望一下左边。一方面，应该倾听父母对于教育的看法，或者他们对于你刚学到的教育方式的评判，如果可以心平气和地审时度势，接纳性的对待第三代的养教方式，就不会闹出许多不必要的矛盾来。另一方面，关注老人家的心理需求，

适当满足他们的教育权利,那么他们也就不会过界来管不是他们应该管的事情了。这就是三代间的平衡之术,需要我们作为润滑剂,而千万别将孩子挡在中间,那样对孩子、对家庭都是一种伤害。

每一个家庭,不管是孩子,还是父母,如果都能摆正自己的位置,那么你们的家庭关系就是既平衡又牢固;如果家庭发生了矛盾,你可以先停下脚步,看看家庭成员是否都在自己的"位置"上,包括自己的责任和自己的权利范围内。轻易打破家庭的平衡,一定会给家庭带来毁灭性的灾难。

此外,家庭中还有一个平衡关系,就是最近大家遇到的新问题,关于二孩和多孩的关系。当国家的生育政策放开,可以生二孩和三孩时,相信每家每户都会有所触动,要不要打破现在平衡的家庭关系?特别是有了多孩的家庭恐怕各有各的难处。

有一次一位家长抱怨家里大儿子的各种"不良"举动,如情绪失控、不听话等,感到非常委屈。她说:"家里因为生了小的,怕大的不开心,所以从小的出生开始,就十分注意一碗水端平,基本上是小的有什么,大的也一样有什么,家里买东西基本上是一式两份的。那为什么大儿子还是不听话,有时要顶撞父母呢?"对此,我们请这位家长关注两点:第一,她的大儿子已经小学毕业了,而小儿子刚上幼儿园。那么大儿子已经快进入青春期也就是人们常说的"逆反期",这个特定时期的孩子是最有个性的,不听父母话属于正常的范畴,不需要紧张。第二,就是平衡的问题。看起来,这位妈妈一碗水端得比较平,但为什么大儿子不买账呢?我们注意到两个孩子之间相差了近10岁,他们的需求本来就天差地别,那如果给小儿子买的东西,一式两份的给大儿子也来一份,这个无疑就是提醒大儿子:你的智商与需求小于你的年龄,这不是最大的污辱吗?这哪是平衡,这完全是挑衅啊!因此,在有两个或多个孩子的家庭里,什么是平衡?更需要家长通过智慧的行为来衡量把控。如告诉大儿子,因为你已经有一定的能力了,而弟弟还小,所以我们可能会对他照顾更多,但是我们的爱对你们两个是一样。如果你能帮助父母一起来照顾养育弟弟,那么我们家爱的氛围就会更加浓厚。让大儿子参与到家庭事务中,能让他明白自己的位置,以及当他需要的时候,可以"偏袒"给予他弟弟不能拥有的权利,如此才是真正的平衡。

平衡不易，掌握平衡的技巧更不易。在家庭教育中，甚至在家庭关系中，维护平衡的关系是一门极其重要的技巧，其不是"和稀泥"，而是真正地体察到每个人的需要，分配到每个人的责权。如果每家每户都非常平衡了，社会也将随之平衡，所以平衡是教育中的"大道"。

16. 动静之道——准确疏导，让孩子动静相宜

孩子好动的问题，是我所接触的家长中被问到的概率非常大的。古语有"静若处子，动若脱兔"之说，这是孙子形容军队行军打仗：不动时要像待字闺中的大姑娘一样安静，而一旦行动起来，则要像挣脱大网的兔子一样身形矫健。动静本是一对矛盾体，是对立统一。古法说万事平衡，如果一个孩子能将动与静掌控好，那是了不起的。可惜，即使是大人，可能也难以达到那么高的境界。

孩子是一个巨大的能量体，他们的身体里时时刻刻可以散发出"洪荒之力"，就如同藏有一块充满电的锂电板，总是要等到电量用尽了，才肯休息下来，但是睡一觉后又充满能量了。孩子们虽然精力各不相同，有些是"厚电板"，有些是"薄电板"，但在一般情况下要比许多大人们精力旺盛，好动是他们的天性。当然，父母感到"吃不消"也是正常的。

那么面对爱动的孩子，怎么才能让他安静下来呢？这是一个大问题，在回答这个问题前，我们想问问提出这个问题的家长，你为啥想让孩子静下来呢？或者说想让孩子静到什么程度呢？其实，孩子的动可以理解为是一种能量的体现，能量是需要平衡对待的，及时地把能量输出或吸收，可以保持孩子之生理、心理的平衡。其关键就在于，如何将这种能量引导到一个我们所希望的方向。

记得有一次出去吃饭，在一个放着两张桌子的包房内，有一桌是一家三口在吃饭。其中有一个7岁左右的小女孩，吃饭时围着自己的桌子转，但是声音很轻，并且他们家三个人的说话也是轻轻的，妈妈还不时地提醒女儿别影响别人。这是一种难得的体验，因为出去吃饭，大概率会遇到邻桌大呼小

叫的孩子们在奔来跑去，打打闹闹，影响到其他人的用餐。这种现象比较常见，孩子如此，大人们有时也会大声说笑而不顾左右。孩子年幼好动，天性使然，如果家长不做正确引导，不顾及他人感受，这是家长的责任。

如果换一个角度看问题，孩子好动不得法，或者动的地方不对，家长应该正确指导。或许我们可以引导孩子展开想象力与创新力，去做一些社会或家庭规则允许的，可以锻炼自己的事情。例如，现在许多家长在节假日会带着孩子去参加各种活动等。只要孩子感兴趣，并且是做一些力所能及的正能量的事情，能对孩子的成长有帮助就是最好的。

思想教育同样是一种能量出口。在鼓励孩子参与体力活动，消耗一些能量的同时，我们还要在思想上给孩子输送能量，教育和培养孩子正确的价值观，包括遵纪守法等。孩子有事做了，就不会把更多的精力放在无益的事情或打扰别人的事情上。孩子如果有教养又能干，家长就能比较有效地处理孩子动与静的关系。

一般来说，孩子在学习时如果表现出好动的状态，千万别"一棍子打死"。我们在工作咨询中经常被要求判断孩子是否得了多动症。其实，有不少孩子是被多动症了，因为老师的要求，或者家长自我内心的印证，就给孩子扣上多动症的帽子是不负责任的。有一个心理学理论叫作"感觉统合"，孩子的好动有时和这个现象有关。感觉统合理论是说：如果你的孩子小时候爬行不足，平衡感差，好动就可能是孩子"感觉统合失调"的问题，其是因为身体状态的不平衡而导致好动。此刻，孩子的生理状态需要调整，可以通过有针对性的训练加以调整（关于"感觉统合"后面将会详尽阐述）。

许多家长喜欢安静的孩子，尤其是女孩子。有一个朋友的女儿，漂亮并且热衷于看书。我们吃饭的时候，她经常是吃完后就在一边安安静静地看书，惹得周围的朋友羡慕不已。但这个小女孩，其实是一个能量无限的"假小子"。她们家有两个女孩子，大女儿属于女汉子类，喜欢高科技玩意儿，平时像"风"一样的；小女儿是乖乖女类的，嗲嗲的样子。她妈妈说，小女儿"坏"，溜须拍马，啥事都会，而大女儿"呆"，喜欢用蛮力，不知道变通。一个家里出了两种不同类型的孩子，这是人生的平衡，但不管怎样，她的两个女儿在社会生活中，各有各的"静"法。大女儿爱看书，小女儿爱黏人，她

们用自己的方法诠释动与静。这不单单是教养的问题,而是妈妈的一种智慧,她用不同的方式对待两个截然不同的孩子,根据各自所长,扬长避短地疏导她们的能量,于是就出现了以动为"静"的美女子和以静为"动"的嗲公主了。

事实上,家长在家庭教育中对孩子动与静的把握是需要大智慧的。让孩子动静平衡的教养方式,先要从了解孩子的需求开始。孩子什么时候需要释放天性,什么时候可以用他们感兴趣的事情让孩子安静下来,都需要根据孩子的特点来设置和安排的。其中最需要研究的是孩子动静行为之背后的心理需求。如孩子不自信,犹豫不决可以表现在很多方面,其中粗心就是一种不自信,是潜意识的忽略。另外,做题慢也是一种不自信,时常迷失在选择中而无法决定。不自信的各种不同的表现形式,大多是由各种不同的养教环境引发的。记得有一位有家长曾经问道:"我的孩子做题目时,非常犹豫,时间好长,十分痛苦,怎么办?"我们这样分析:如果孩子单纯是做题或者仅仅是数学如此,其他课会好一点,那就应该从数学方面去思考这个问题;如果不单单是做数学方面,其他课也是这样,那么就应该从孩子的行为模式去考虑了。如果在孩子的行为模式中,比较明显的会表现出犹豫的品质,那这个问题就需要从养教环境方面去寻找答案。据那位家长反映孩子是5岁后才回到自己身边的,也就是说孩子的第一抚养者有过跨越的更替。那么在孩子自信品质的形成年龄更换主要养育者,造成了孩子对于环境的不确定性,并由于安全的不确定性养成了其犹豫的品质,最终造成做作业也会有不确定感。

从严格意义上来讲,我们改变不了已经发生的事情,可以回答:没有办法改变。但是,从心理层面去理解是有办法的,而最好的办法就是:理解与接纳。

首先,在自己的情绪模式上消除对抗,对抗另一种或许你不认可的养育方式,需要先认可自我。因为世界上的任何事情都是自我的镜像,每一件事情都是真实反映了自己意念的,关键是你自己怎么看。为什么同样一件事情,每个人的看法会不同?这是因为自己的镜像引起的。

其次,当自己接纳了不可改变的事实,修通了自己的情绪通道,不再懊恼和愤怒,或责怪另一种养教方式和养教者,那么对立的能量减小了,矛盾

体自然减弱,孩子也会接着减弱其矛盾的心境。总之,每个人都不希望生活在一个充满怒气和矛盾的家庭,家人之间争吵、打架多了,孩子就必然会将矛盾转接到他们自己身上,或者示弱,或者用强。我们经常听到孩子劝架说"爸爸妈妈不要吵了,都是宝宝不好,宝宝以后乖",又或者他们是用对抗的行为方式故意找茬,来促使家长矛盾的转移。因此,如果孩子有问题,先别急着去解决孩子出现的问题,而是先要找到自身的原因,然后再观察争取修通自己情绪的通道,而不是用这件事情引发另一种情绪出来。通过打孩子泄愤,既解决不了任何问题,又可能平添更多的问题。

17. 安全之道——孩子的安全感来自于家长自己的安全感

在众多教育理论里,有一个重要的元素是我们每个人从小到大都离不开的,那就是安全感。一个有安全感的人,可以是自信的、独立的,具有开创性的,并且面对精彩而又丰富的世界,敢于挑战,勇于实践,成为有执行力和影响力的人。在马斯洛的需求层次理论里,"安全需求"是高于生理需求的,也就是说当人温饱以后,最需要的就是安全感,之后才是归属的需求、尊重的需求、自我实现的需求。甚至在非常时期,安全可能比温饱更为人所需要,如地震时大家一定是先想着如何脱离危险,而不是吃饱穿暖。安全需求应该是陪伴人之终生的。

那么,怎样才能将孩子培养成一个有安全感的人呢?孩子自出生到长大,无论生理还是心理都需要经过一个漫长的成长发展期。有些家长因为担忧就拔苗助长,违背孩子的正常生长,或者看到其他孩子进步更大一些,就强迫孩子做这做那,甚至强迫自己焦虑,这种现象就叫"逆天生长"或"逆天教育"。通常,人的安全感从出生开始随之而来。0～3个月的孩子最担心的问题是"我能活下去吗",因为孩子从温暖的子宫,由脐带输送营养的自然状态,一下子来到一个有温差,还得自己吃饭拉屎的陌生环境,需要适应才能生存。更为主要的是,这段时间以及之后的很长一段时间内,他们必须完全依赖于养育者,尤其是婴儿早期,孩子虽然能够通过哭来表达情绪,但这个时候他们是孤立无援的，对于养育者是不能辨识，不能挑剔的。他们对于每一个人的逗引必须作出反应，因为所有人都是他们需要依赖的生存客体。8～9个月的婴儿一般会在不确定的情况中借助于父母的表情来作出推断，并依此调整自己的行为。这种能力叫"社会性参照"。如果婴儿接收到的信息相互矛盾时，就会出现明显的不安。同样，家长会对孩子的情绪做出相应的反应，由此促进婴儿和养育者的相互了解。并且，互动式的关系能够成为孩子与外界沟通的重要通道，是安全感与信任感的主要来源。

在儿童发展的心理学中，0～1岁称为"躯体我的感觉期"（基本信任&基本不信任），是指刚出生的孩子孤立无援，几乎完全依赖于他人的照顾。这个时期如果能在看护中让孩子感受到慈爱，幼儿会觉得需要得到满足，心理上产生安全感，形成最基本的信任，并对未来有着美好的憧憬与希望。反之，幼儿会缺乏信任感，担忧需要是否能得到满足，从而无暇顾及将来，产生人格危机。这个时期正好对应弗洛伊德的现代精神分析学派之性心理发育论的"口唇期"，即满足孩子吸吮的需要，合理喂养不单单是营养上，更是心理上的喂养。而喂养不当的孩子在今后的人生中经常会乘口欲之快，用语言攻击的能力保护自己。

1～3岁称为"自我同一感阶段"（自主&羞怯和疑虑），是说这个阶段的孩子学会了一些技能，如爬、走、跑、跳等，开始出现自我主义，最常见的是"我""我的""我家的"和"不"……孩子逐渐有了自己的意愿，并与父母的意愿开始产生矛盾。父母一方面会按照社会的要求对孩子的行为进行管教，另一方面又不能伤害儿童的自我控制感和自主性。

根据现代精神分析学派之性心理发育论，这个时期叫"肛欲期"。该时期需要训练儿童的社会价值观，是"规则内化"的重要时期。这个阶段如果对孩子限制过多，孩子会对自己的行为充满不确定性，并且感到羞愧，形成动辄爱疑虑和爱羞怯的倾向，家长只有耐心训练，并适度控制，才能让孩子讲规则内化。

3岁以后的孩子进入了自尊期，此时家长要多夸奖孩子，否则孩子会自我怀疑，不利于形成"意志力品质"，这对孩子将来的成功是十分重要，犹如古语所说："三岁看大，七岁看老。"幼儿安全感的建立与父母功能的发挥

紧密联系在一起，每个孩子早年与抚养者的依恋关系会影响到孩子成长以后所有的行为模式。

一般地说，人总是习惯沿袭早年形成的客体关系观念，并在现实生活中寻找符合这种观念的人和事，以此建立人际关系。早年的基本经历、内心冲突、精神创伤都可以发展成为长大以后的神经症、心身疾病、精神病，也就是说，我们现在的不安全感，被侵犯感，大多来自于幼年时期的。由此可见，我们在家庭教育中最为重要的什么？是关系，是客体关系，包括亲子关系。那么人在什么情况下容易失去安全感呢？答案应该是：人在陌生环境下最容易失去安全感。玛丽·爱因斯沃斯通过"陌生情境测验"来测量婴儿（9个月至2岁）与其父母及其他养护者的依恋质量。经过测验，总结出孩子的"依恋关系"可分为：安全型依恋、回避型依恋、矛盾型依恋和混乱型依恋4种模式。"安全型依恋"之婴儿的父母对婴儿较敏感和负责，婴儿就有安全感；"回避型依恋"之婴儿的父母可能有两种抚养方式，要么过于忽视婴儿的需求，要么过于热心，给婴儿提供过多的刺激，婴儿会过于讨好别人，或过于冷漠；"矛盾型依恋"之婴儿的父母在抚养过程中常常表现不一致，表现得不负责任，婴儿容易哭闹、纠缠和其他极端行为来获得养护者的情感支持和安慰；"混乱型依恋"之婴儿想接近养护者，但又因曾经受到的忽视和身体虐待使他们感到害怕，这些婴儿通常在成人后会产生人际关系和情感方面的困扰。

通过依恋关系来看安全感，我们明白教育是为了弥补安全感，当一个人越强调教育（管教，控制），其背后的不安全感就越大。孩子的问题折射了家长心理的不安全感，恐惧越多，要求孩子就越多，同时你眼中孩子的问题也就越多。因为你越恐惧，你越倾向于去把握住某种东西，以便让你自己有安全感。掌控者是头脑，而孩子通常都是自由的心，他们像水一样流动，很难被掌控。这使得你越想抓住、越想驾驭、越想掌控，就越抓不住、越驾驭不了、越掌控不住。因此，一个好的家长，应该将教育的重心由教育孩子改为教育自己。孩子的安全感来自于家长的安全感，对于有觉悟的家长来讲，教育孩子只是个借口，自我教育才是真正的修行。当你把自己教育好了，孩子会成为你安全的倒影。

18. 益之道——让孩子成为有益于社会的人

有些人一生做着公益事业，人们称之为好人；有些人一生与公益不沾边，那是普通人；有些人自己不做公益还经常挑做公益的人（尤其是名人）的刺，这不是坏，而是一种防御，这是在自身没有安全感，以及对于社会安全感强大质疑下的自卫模式。

什么是"益"，从字面上理解就是：好处，增加，更加。好处是相对的，凡事都有两个面，有好处也会有坏处。在家庭教育里，我们总是希望看到孩子的好处，不愿意看到孩子的坏处，遇到孩子有坏处时，经常非常着急地想把坏处抑制在萌芽状态，如果孩子没有改善，就会着急。但是人在着急的时候，会将关注点（或者叫"能量点"）集中在头脑层面，开动脑筋想办法、想对策，潜意识中的那个"益"往往就会被忽视掉，直到最后，你或许会幡然醒悟或许会越走越远。

记得多年前，遇到过一个女孩，高一时来我们工作室，她的妈妈很焦虑，觉得女儿不听话，要高考了一点都不急，并且注意力不集中，经常发呆。可是我们跟女孩聊了一下，发现孩子没什么问题，主要是亲子沟通出了问题，女孩不想理妈妈；可是作为"女强人"的妈妈，却主观地认为没有沟通问题，是孩子的精神出问题，一定要带孩子去看精神科医生。可以想象的是，"病人"主诉自然以妈妈的观点为准，医生根据妈妈的描述和测试给孩子开了药，当时我们劝过那位妈妈，但妈妈非常固执，而且发现吃了药，孩子专注力暂时集中了。一年以后，我们又见到了她们，发现女孩眼神呆滞，母亲则一脸憔悴。此时，妈妈已经不再像一年前那样希望孩子考上名牌大学了，只要求孩子活着就好。当然，具体的案例我们没有跟进，也无从得知孩子的现状。这一次的经历给了我们很多启示：由于家长过于片面的认知行为和要求，导致孩子朝着相反方向走。如孩子动辄离家出走，或者自伤自杀，这些孩子的家长应该自省一下，是不是过于严苛地要求孩子成为你心目中的那个"好孩子"，从而造成孩子的悲剧发生。

此外，你认为的"好"，真的就是"好"吗？这种所谓的"好"是孩子

可以接受的还是仅仅是家长心里的那个"好"。凡事要精益求精，不接受自己的孩子是个普通的孩子，无止境地要求，或者说不切实际地要求，其实都会带来反作用。对家长来说，如果开始先设定自己孩子是普通的，然后不断修正循序渐进，等火候到了，推孩子一把，给他一个助力，那样孩子的目标很可能与家长的目标不谋而合。我们相信，每个人都是从善的，没有一个人生下来就希望自己过得不好，孩子也是一样的。如我女儿，虽然当年她已经成功转学到加州大学，但其实我知道她是一个特别享受安逸、追求平稳的孩子，对自己的要求并不高。那时我也很着急，心里的"小魔鬼"会出来说：你为什么不再努力一点，就能够到更好的学校啊？你为什么不再努力一些，去创造更加精彩的人生，那样的活着才有意义啊？可是女儿却回答我说：我觉得加州大学就是最适合我的大学啊，因为我感到不那么吃力！我觉得现在不是挺好的吗？

其实，仔细想想也有道理，每个人都有每个人的精彩，女儿的自信，所追求的安逸，其实也是许多人想拥有的东西。因此，我们对她没有特别的要求，才成就了她对自己有要求。虽然她是那种一切以能够完成目标为目的，不过于追求上进的人，但也十分快乐。最起码女儿是一个心理强大且健康的孩子，对于这一点我很知足。

"益"的解释还有"增加""更加"的意思。多多益善，精益求精，需要家长用心思考，什么东西太多了就是"过"。我们要求孩子学绘画、学音乐、学这学那，还要补这课补那课，不怕多就怕别人补了我们的孩子没补。当然，学习的压力，家长的内卷，老师的暗示都是推动孩子过度努力的助力，没有几个家长能扛得住，但就那么胡吃海喝般地填塞，会让孩子消化不良。

现在合理安排孩子的时间，可能是家中最大的事情。前不久看到一篇微信推文《魔都父母太悲催》的点击量瞬间过10万，可见家长们压力之大。但大家有没有想过，正是家长们的盲从，滋生了教育界的各种乱象？令人担忧的是我们的教育怎么了？我们的老师怎么了？我们的家长怎么了？我们的孩子怎么了？最近，国家新出台的"双减政策"是对教育作了一个非常好的改变和推动。希望教育内卷的情况可以有所好转。

因为坚持开展公益活动，这么多年我们接触了一些让孩子积极投身公益

活动的家长们。虽然有些家长或孩子的初心并不那么单纯,可能是想让未来孩子的留学申请书变得更好看,但只要坚持参与公益事业,慢慢地都会越来越快乐。这些年来我们身边的志愿者,许多都在各自的岗位上取得了非常好的成绩,这与他们有着一颗公益的心态,以及通过多年参加公益活动锻炼出来的各种能力不无关系。

2022年,我们创建的"益学年"将正式启动,这是一个亲子公益平台,倡导家长带着孩子们看公益、学公益、做公益。如果条件允许,请让孩子多参与一些公益活动,这将有益于孩子们的身心健康发展。我们希望把公益的种子播撒到每个孩子的心里。同时,希望这种公益活动,不是弄虚作假或流于形式的。"公益"对于孩子来说,应该是一种比较纯粹的有着特别意义的善举。

 19. 本位之道——各司其职,做最好的自己

说到"本位"两个字,大家容易与"本位主义"联系起来。上百度搜索,词面上的解释为:"本位主义是指在处理单位与部门、整体与部分之间的关系时只顾自己,而不顾整体利益,对别部、别地、别人漠不关心,是一个含有贬义色彩的用语,泛指一种态度和心理状态。本位主义者被认为是缺乏大局观和全局意识,考虑问题以自我或小团体为中心,无论利弊得失都站在局部的立场上……"

本位主义与集体主义是相矛盾的。如果上升到道德层面来说,本位主义是自私的一种表现,尤其是在利益方面。通常为了达到自己的目的而牺牲他人(包括集体)的利益。那么,在人际关系中如果所有事物都以本位主义的出发点来考虑,就容易使自己进入一个思想领域的误区。过于自我或以自我为中心,这种思想明显是难以融入到集体中去的。

"本位"之道,在家庭教育当中是非常重要的。和谐社会从哪里来?和谐社会是由无数个和谐家庭聚集而成的。家庭是社会最小的单位,家庭不和谐,社会怎么和谐?家庭是"本",是社会之"本",更是我们安身立命之

"本"。"本"的单位计量虽然是"小众"的、"自我"的，符合社会规范，但其不可能上升到社会道德之层面。

例如，前面所说的"公益"之道，从事社会公益首先必须对公益有比较准确的定位与认识。我们知道有些人，自己入不敷出，过着极其清苦的日子，但为了公益事业可以去举债。如此公益行为，给人的感受是躲在"大爱"背后"吃苦受罪"。从社会道德上讲，这些公益人的举动是伟大的，但从人性层面上说，我们看到的是他们对于自己乃至家人的不负责任。助人先要助己，先把自己安顿好了，才能有真正的能量对外布施。古人云："穷则独善其身，达则兼济天下。"讲的就是这个道理。真正的公益，智慧的公益应该建立在保有人性最纯真的"本"之上的兼济天下。

2008年汶川地震以后，网上传闻万科集团创始人王石曾公开宣称"万科"员工的捐款不得超过多少，马上在社会上掀起了巨大的舆论指责。其实，王石是一个聪明人，他的这个举动，让我们看到了他的"智"和"善"，即对于公益的"智"和对于员工的"善"。当然，对于捐款一刀切的方式有过于霸道之嫌疑，但是我们相信王石的初衷是好的。另外，汶川地震时，许多心理咨询师也奔赴灾区，为心理咨询开创了一个新的时代。可是这些人在当地的实际状况并不乐观。首先是语言问题，当人在生命以及基本生活岌岌可危时，必须用他们最熟悉的语言来安慰引导，而当时大部分咨询师是不懂当地语言的，如果沟通都困难，谈何心理治疗；其次是地震当下吃饱穿暖都成问题，心理治疗还没到这个节骨眼上。因此，过度地向灾民播散关爱的种子，在那种情况下有可能会造成二度创伤。

其实，对普通人而言，管好自己，管好家人，遵纪守法就是给国家出力。在特殊情况下，"本位主义"也是大善之举。

在家庭生活中，以"爱"为本，做任何事都是"爱"之本；不能以爱之名，做非"爱"之举。例如，父母经常逼迫孩子把饭菜吃掉，特别是有一种欲哭无泪的晚饭叫"妈妈的半碗饭"，妈妈的半碗饭分量十足，如果不吃下去就是对不起妈妈做的饭，这是以"爱"的名义进行"绑架"，而不是真正的"爱"。爱应该是一种自然流动的情感，怀有爱的情感，不需要伪装，也不需要强迫，其是一种随时为家人着想的真情流露，更是一种管好

自己不给家人添乱的自我管理规则。另外，我们一直强调说，"好的婚姻关系会缔造好的亲子关系，以及健康的孩子"。孩子不健康，行为有偏差，首先要调整和关注的是父母之间的关系。如果夫妻两个连相爱都做不到，或者经常以"来吧，让我们互相伤害"的姿态互动，那么孩子必然会被各种方式卷入到伤害中，最后全家人都伤痕累累。夫妻关系在外人面前或许可以掩饰，"家丑不外扬"，但可能最直接表现出来的是孩子的行为，这是怎么也藏不住的。

家庭之"本"就是爱，虽然这种"小爱"与公益之"大爱"不是一回事，但是大爱一定要建立在"小爱"之上。"身教大于言传"，想让孩子出色，自己就必须努力。家长是孩子的榜样，期望孩子成为龙凤的家长，先要"自扫门前雪"，然后才能"去管他人瓦上霜"。只有管理好自己，才能影响孩子，这就是"本"。必须明白，孩子出生后就是一个独立的人，也是一个"本"，并且需要自己管理自己。如果在家里各自管好自己，不去想着干涉他人的"本"，那就是一个有秩序的家庭。无论小孩、老人还是爱人，一般都会关系融洽，因为每个人都是独立的"本"。在同一个屋檐下，我们可以用界限分明的爱，或者血缘的关系去维系整个"爱"的系统。

"本位"中的"位"，比起"本"来可能更加直观。俗话说"屁股决定脑袋"，就像一个团队，团队需要管理者，更需要团队中的每个人。例如，我们的工作团队，作为领头人，我在选用人才时，必须问的是"你想在咨询师的职业道路上发展，还是更想在咨询师管理的职业道路上发展"。这看起来是在做同一件事情，但因为初衷不同，就会产生不同的视角。咨询师需要考虑的是怎么学习更多的职业技能？怎么让来访者接纳我们、相信我们；而管理者考虑的是怎么制定有效的可以被测量，可以被复制的制度和规范。前者更加感性化，更有人情味，后者则更加理性，更有原则。咨询师和管理者的工作方向是完全不同的。

通常家庭中的"位"是对于"角色"的细分，因为家庭成员尤其是夫妻双方，有着比团队组织更多更复杂的身份认定。例如，我是讲师、咨询师、催眠师、团队带领者，同时是母亲、女儿、妻子，更是我自己，其中每一个角色都有每一个不同的状态，绝不会是同一副面孔。作为团队带领者，我必

须更加理性;作为讲师,我需要自信;作为咨询师和催眠师,我需要有能力共情来访者。然而作为母亲,我需要被需要、被依靠;作为妻子,我需要表达依靠和关怀。准确的角色定位其实很难。实际上,在家庭里最容易定位的角色是孩子,但有时候家长的举动又是最容易侵犯孩子的角色定位,如"你只要管好学习,其他都不用做",这是对孩子基本角色的典型侵犯。

　　一个有自理功能的人,不管年龄大小,只要生理和心理能够做得到的事情,如收拾自己的房间,以及盛饭、洗碗等,只要能力所及,都有独立的义务和责任。解析上述,我们如果在这句话前加上一个定语可能更贴切——"因为你是不能自理的残疾人,所以你只要管好学习,其他都不用做!"但这不是爱,而是赤裸裸的侮辱。因此,让孩子回到自己的位置上,把职责权分离清晰,是帮助孩子健康的成为一个独立之人的最好方式。我们不是超人,不需要负担过多的重压,将"本位主义"在家庭这个范围内实实在在地体现,然后让爱自然地流动起来,那么家庭和睦,孩子独立就不是遥不可及的。与此同时,我们才有余力去帮助他人,散播大爱。"本位"之道,简单地讲就是各司其职,让家庭这部机器良好地运转起来,使社会欣欣向荣。

20. 管教之道——奖罚分明,管教得益

　　不知道大家对于"管教"两个字是什么感受?是否觉得它不适合用于教育中,尤其是家庭教育,用"管教"这个词未免太严肃,或者说过于"严苛"。美国教育学博士简-尼尔森根据个体心理学创始人——阿尔弗雷德-阿德勒的人本主义心理学思想创立了"正面管教"。简-尼尔森有7个孩子。起初,她为管教孩子头痛不已,常常采取以暴制暴的方法教育孩子,但对孩子没有效果,相反让孩子产生愤怒、报复、反叛、退缩的现象。"正面管教"是一种尊重孩子的教育方法,虽然用了"管教",但在整个理论中"正面"起了很大的作用。

　　"正面管教"的英文 positive discipline 的解释是:"积极的训练"或"积极的处罚"。2013年,"正面管教"理论由简-尼尔森博士亲自带到中国,一时

间在中国兴起了"正面管教"之风,许多家长和老师不惜花费大量的时间和精力学习,纷纷按照该理论来教导孩子。应该说,这种正面积极的教育方式,为我们的家庭教育长带来了福音。

"管教"孩子虽然从情感上说,让人难以接受,但其"正面"和"积极"的态度却不失为教育中的根本。简-尼尔森博士采用"人本"的方式,用绝对尊重来解析教育,用自尊—他尊—取得和解,包括合理暂停的方式,不失为快速易学之教育的一种好方法。当然,作为家长必须理清自己教育孩子的思路和方向,确定教育风格,并且随着孩子的变化而变化,随着孩子的长大而长大。记得有一位家长曾提出"什么是好孩子"的讨论题,这是一个很好的问题。"好孩子"是没有标准的,因为我们是教育孩子而不是制造机器人,没有绝对标准的数值来恒定一个孩子有几分好或几分坏。通常,"好孩子"首先是可以融入社会体系,也就是在人生观上的融入;其次是可以融入家庭体系,为家庭添爱,增加快乐。另外,在个人体系方面是独立创新的。简单地说,只要家长认为你的孩子是一个活生生的生命,会给你带来烦恼,同时也能带来快乐的就是好孩子,所以一般逻辑下,每个孩子都是好孩子。

如果在教育中先把自己的孩子预设为好孩子,那你一定看得到一个好孩子的成长。千万不要期待一个符合各种指标的好孩子出现在你的家里,合理设置教育期待是获得好孩子的唯一办法。当然,由于家长自身的成长原因,容易与孩子发生冲突,并且以"惩罚"来规范孩子的行为。其实在大多数情况下,这种"惩罚"是没有效果的。我们不难理解,当人遇到重大冲突的那一刻,其原始的潜意识只有两种反应——"反抗"与"逃跑"。此时我们的交感神经因为兴奋,带动人体内激素水平提高,使得身体作出相应的反应,并且心理上也会即刻配合身体作出相对应的各种反应。这样的潜意识操作,不管家长还是孩子都会有相当激烈的反应,而孩子更是积累着每一次反应的能量长大着。所以,我们提倡在教育中采用"顺应"和"引导"来避免"管教",因为"管教"带着训练和惩罚的意味。其实孩子的成长是有每个年龄阶段特定意义的,只要掌握孩子各个成长时期中的要点,就不难引导孩子茁壮成长。

21. 幸福之道——感恩是幸福的源动力

中央电视台曾经有个街访话题——"你幸福吗？"相信每个人都有幸福的理由，也有幸福的答案。既然大家都知道幸福是每个人追求的目标，那么，我们有没有关注过孩子们是否幸福呢？同时，对于孩子的幸福应该怎么理解？在工作中，我们曾经试着采访孩子们："你们幸福吗？"孩子们的回答是："不幸福，功课那么多，有啥幸福的。""不幸福，爸妈老是指责我，并且不给我买我想要的东西""不幸福，爸爸老是不回家，妈妈脾气又不好""不幸福，今天考试没考好，挨骂了"……可是不少家长却是这样定义孩子们的幸福："看，我们的孩子不要太幸福哦，穿得漂亮，吃得也好，要啥有啥，全家围着他转。不像我们小时候，要什么都没有，他们是幸福的一代人。"

其实，培养孩子是增强他们获得幸福的能力，而教育孩子是希望孩子有幸福的未来。另外，注重孩子的道德品行是为了让他们更好地融入社会获得自信，与孩子互动沟通是为了他们能更好地为人处世，过上幸福的生活。那么，如果在孩子并不幸福的过程中去培养孩子获得幸福的能力，岂不是成了一种悖论？在此，让我们真诚地问孩子们几个问题：① 你们感到幸福吗？② 什么时候感到最幸福？什么时候感到不幸福？③ 希望怎样获得幸福？④ 父母怎么做才能让他们更幸福？

我们认为让孩子幸福的第一步是找到希望，也可以解释成：梦想幸福。一个人没有希望，就没有幸福；而有盼头的生活，才有幸福的动力。如考试不知道能不能考到高分，高分是什么，能带给他带来什么？第二步是教会孩子如何去获得幸福。如怎样才能考上高分？如何分解分数——如果孩子的未来梦想是当演员，则演员需要的能力有哪些？第三步是我们必须有备用方案，如果现在的目标不能实现，还有什么途径可以获得幸福？最后是教会孩子感受当下的幸福。情绪外泄，是将愤怒不做分析地表达出来，伤人害己。分析幸福如何，先要体会或学会痛苦才能感受，就像饥饿的人看到米饭才能感觉到幸福一样。

除此之外，学会表达幸福，感恩自己和他人，增强正能量；找到自我

价值，并且固化自我价值，真才实学地创造幸福（具体方法，可参考"关于'你们'"篇中采用CATE法开启学习动力）。

22. 能量守恒之道——让能量为教育加持

随着现代量子力学研究的进一步发展，其为世人揭示了一个事实：世界上的万事万物都是由能量构成的。我们见到的物质是由粒子组成的，粒子通过各种不同的频率高速振动形成能量场，而各种物质都有不同振频的能量。人的能量场非常神奇，它能随着人之心情的改变随时变换；心情好时与心情不好时的能量场完全不同。例如，有时领导心情不爽，即使他不说话，只是从我们身边走过，我们大都会感受到其与往常不同的气息，或是一种"死气"或许带有一种"杀气"，而此时作为下属的会潜意识的小心翼翼地干活行事。许多科学家曾在能量方面做了不少实验，如利用卡尔量（Kirlian）相机拍摄的人在闻了橘子以前及以后的人体光晕是完全不同的；还有日本科学家江本胜写的《水知道答案》——揭示了水在人类给予不同定义之下，会有不一样的呈现。

如果仔细观察，我们会发现：有的人总是活力充沛、激情澎湃，他的一言一行、一举一动都有强大的感染力和号召力，与他在一起时，大家会情不自禁地感到快乐；而有的人总是悲观、沮丧、消极、懒惰，与他在一起时，大家会感到莫名地压抑和不快乐。有的人浑身散发着喜悦与爱的能量，就像绽放中的美丽花朵，给每一个接近他的人带来愉悦的感受；而有的人浑身充斥着冷酷、自私与怀疑的能量，可能会吓退本想亲近他的人。因此，外界对于人体的能量是有很大作用的。

能量虽然有各种不同的类型，但对于人之能量场来说，我们可以将能量划分为两大类别，即负能量和正能量，虽然许多人对此有不同看法。一般地说，使我们消极、低落、自卑、沮丧和丧失斗志，找不到生活乐趣和目标的就是负能量。一个人生命的振动形式越是以负能量的状态存在，那么他的生活会变得糟糕，而使我们充满热情与信心，比较乐观、积极、阳光、自信，

能展现出无穷魅力的就是正能量。如果我们能有意识地让自己持续地处于正面的能量场中，成功与幸福便唾手可得。

为什么不同的能量会使我们的生命出现完全不同的结果？这是因为能量具有吸引性和传染性的两大特性。所谓吸引性就是说，相同振动频率的能量会互相吸引，引起共振。充满正能量的人自然能吸引其他人，他们充满热情，让人觉得亲切，想与之为友；但周身充满负能量的人往往会吸引不好的事。诸如"屋漏偏逢连阴雨""锦上添花""好事成双""蝴蝶效应"等成语，说的大都是能量的吸引性和共振性。

此外，能量还具有易传染的特性，长时间地跟某种能量的人在一起，我们会感染他的能量。所谓"近朱者赤，近墨者黑"说的就是能量的传染性。

家长可能都有深刻的体会：孩子是一个巨大的能量体，每天像小宇宙爆发一样，让我们筋疲力尽。孩子身体里有着巨大的充满活力的能量在流动，但为什么爸爸妈妈接收到的是累是吵的感受呢？那是因为我们难以与孩子的能量同频，因为不纯粹，我们要关注的事情太多，能量分散到其他的各种事情上去了。那么，怎么做才能接住孩子的能量呢？这就要讲到能量的守恒之道。在现实生活中，我们往往会遇到这样的孩子，在公共场合大喊大叫，整个空间充满了尖叫声，而往往有些父母不在乎这样的情况，任由孩子疯玩吵闹。但我们要知道，以"孩子还小""孩子不懂事"等作为借口的家长，其实是放纵孩子将能量在不合适的场合或不合适的时间发泄了，如果一味地纵容孩子，孩子的这种行为必将影响到他们的正常成长。可能听起来危言耸听，其实就是如此。如孩子大吵大闹，家长不予制止与管教，那么从长远来说，孩子会成为一个不顾及他人感受的人，不能与其他人很好地连接，则必然影响到孩子未来的人际交往。同时，家长不适时制止，也会变相地告诉孩子家长在默许或鼓励这样的情况发生。于是，以后采取吵闹即可达到目的，会让孩子变得不讲道理。

那么，怎么去跟孩子沟通，让孩子安静下来呢？当孩子第一次发出尖叫时，我们或许只要微笑，用一个手势就好，随后，我们细声细语地告诉孩子说为什么不要喊叫。当孩子安静下来，你们面对面的时候，语言是能够发出震慑力的。

父母需要帮助孩子合理安排他们的能量释放，即该学习的时候学习，该玩的时候痛痛快快地玩，所以我们鼓励家长要注意孩子的劳逸结合，不妨给孩子增加一些运动量，孩子一天积攒下来的能量必须合理释放，这样才能让孩子安静地学习。另外，我们需要学会合理安排孩子的作息，这个合理并不是家长认为的合理，而是要以孩子的舒适为衡量标准，可以与孩子一起制定。在家庭教育中，契约关系是非常重要的。

既然能量有正与负，并且大家都希望家里的能量是正向的、积极的，因此当孩子有情绪时，我们可以深呼吸，让自己不要被卷入愤怒之中。情绪是会传染的，如何才能让自己时时刻刻都拥有强大的正能量呢？

第一步，对孩子发出的负能量不要强行抵制，而是要转化它。因为我们抵触的东西，我们害怕的东西，我们试图消除的东西大都会持续存在的。无论抵触什么，害怕什么，恐惧什么，我们都在关注它，而关注它就意味着给它能量，并且它的能量会越来越强大。

第二步，坚持自己的原则，如同车在高速公路上行驶时，突然遇到爆胎，此时一定要握紧方向盘，把控好方向，否则容易出事故。有时，我们会被孩子的情绪所控制，偏离我们关注的原点，如果经常这样会让孩子养成负向的行为习惯。

第三步，注意自己的语言，语言是一把利器，其具备创造和毁损的能力。思想有能量，语言是有声的思想，所以语言具有很强的振波。当我们说一些不中听、不吉祥的话时，常会听到人们说："快闭上你的乌鸦嘴！"因为当负能量的语言一出，你就已经在发出振波。更为明白地说，你是在吸引同频道的事件上门，这可能是乌鸦嘴有时特别灵验的原因。尤其是愤怒和怨恨时所说的话，一般带有很强的能量，再透过负向的振波，结果往往令人意想不到。你一定听说过，某些人因为一时气愤，说了重话，后来真的发生严重的后果。这种事情在家庭教育中经常出现，如家长有时气呼呼地对孩子叫骂着："有本事你就永远不要回来！"结果孩子真的因为赌气而离家出走，甚至走上绝路。

第四步，传递正向的能量给孩子。我们必须明白，相似的能量会互相吸引，形成类似的"能量团"。只有当你充满正能量时，孩子才会充满正能量。

能量是人与人关系之间最直接的勾连，所以，让自己成为正能量满满的人，我们的孩子就会健康快乐。

 23. 相之道——教子从自我成长开始

大家知道"相由心生"，一个人的面相往往可以折射出他的内心，如果老是绷着一副苦瓜脸的人，想必不会太幸福。所以，人的外貌不在于好看与否，而在于让别人看着舒服，这就是"相"。"面相"是一个人的名片，而这个名片的产生会有一个社会环境背景或者人际环境背景，诚如我们一直强调的：要让自己幸福的唯一法门就是找到与自己情意相投的朋友，在朋友圈传播快乐幸福的信息，让自己一直生活在有爱，有希望的一个人际环境背景中。千万不要与整天抱怨的人在一起，人际环境与一个人是否能感受到幸福有着密切的关系。教育也是如此，长期以来，以"功名"为目的，以"过线"为目标，人们错误地理解了应试教育，或者"应试"教育被诠释错了。放眼世界，哪一个国家废除了应试？有听说过哪一个国家的学生不需要考试的吗？其实，国外的学习并没有我们想象的那么容易，只是与我们的教育方法有所不同：

首先，一些国外的教育节奏是严格根据儿童之心理和生理年龄的发展来设置，如小的时候用游戏创意来启蒙孩子的智力和创造力，保护和开发孩子的主动创造和兴趣是这个阶段实施的教育纲要。因此在国外，特别是欧美国家一般低年级孩子的学习压力不大，但随着孩子慢慢地长大，心理、生理的承受能力慢慢增强时，学习便开始紧张起来；到了高中，孩子的功课并不比中国容易，有时相对于中国的应试教育更难，因为更加灵活，需要多动动脑筋才能完成。如高中的孩子通常需要演讲，也就是让孩子保有他们对知识探索的能力与兴趣。另外，对于阅读的培养，让他们的功课变得看起来不那么难，许多认真读书的孩子会告诉你他很忙，因为最近有好几篇论文要写。到了大学，学习就更忙了，我去过国外一些好的大学图书馆，不难发现学生们认真学习的态度。关于这一点，中国正好相反，幼儿园时拼小学，小学时拼中学，中学时拼大学，并且作业堆积如山，把一个个身心还没有发育完全的孩子压得喘不过气来。到了成年，可以通过认知教育获得知识时却突然松绑，变得容易了，其不管是从心理还是生理发展的节奏上看，完全是本末倒置了。

其次，国外的教育比较呵护孩子们的兴趣、个性发展，无论学校多样化的活动，还是家里父母的鼓励，能够让孩子去选择自己喜欢的事情尝试，而国内的孩子教育将这些个性都被一刀切了。记得有一次我们给幼儿园的孩子做绘本课堂学习，当问到孩子们在一本非常好看的绘本封面上看到什么的时候，大部分孩子们只是说了书名、颜色甚至有孩子注意到了作者，却很少有孩子关注到封面上的图画表现。当然，这本书的图画可能不显眼，但是作为一种信息的存在，并没有弱化到可以被忽视的程度。那么，孩子们为什么都没有注意到呢？归根结底是我们过早的让孩子认字了。对文字的过早接触，终结了孩子对于图形表现的敏感，孩子在观察时往往不关注图形而是看到文字。就这样，孩子们的图形创造空间被压缩了，观察力也被局限住了。

再次，教育本应该是一个犹如宗教信仰一般的存在，如果被产业化就会变得不那么纯粹，孩子们学习的目的也会加入更多的功利和趋利心态。如有些课外辅导或者早教机构的营销可能是成功的，但是他们的营销越成功，对教育的伤害就越大。曾经"奥数"的学习被大力推行，这里面有多少利权交易，我们不得而知，但是将小概率孩子适应的奥数作为入学参考，绝对是对大部分孩子的残酷摧残。为了利益他们甚至将奥数引入托儿班，本来7岁以前的孩子是靠感觉学习的，不必要也不应该过多的增加认知学习，结果是由于利益使然，竟然出现"托班奥数"。并且，动辄成千上万的学费，给家长们带来的不仅仅是负担，更是恶性循环的焦虑。

教育如此乱象，难怪许多家长纷纷感叹，养不起孩子啊！我们所遇到的家长中，很少有沉溺于天伦之乐中的幸福感，他们不是为孩子的升学焦虑着，就是为孩子的学习担忧着；要么甩手回避，将孩子丢在一边，要不苦哈哈地围着孩子转。另外，许多假性单亲家庭，实施的是"丧偶式"教育，妈妈怨气冲天，爸爸逃避不管，这样的家庭怎能长久。有了爱的结晶应该能让夫妻两个人的感情更加牢固，但经常因为孩子产生裂隙，这其中与教育的乱象不

无关系。

家长焦虑，老师更加焦虑。我们给老师做团训时，发现他们的焦虑程度不在家长之下。上有学校工作指标的压力，下有"嫩豆腐"一般碰不得的孩子与家长的压力，并且回家还有自己家庭的压力，真的不容易。怎么办？老师只能将焦虑和压力转给家长，让家长帮着完成不属于他们的工作。家长呢，忙完单位忙家务，忙完家务还得忙孩子的作业检查和辅导等，哪有时间休息，如果孩子成绩再不理想，那这个怨气就来了。此时此刻，家庭能安然幸福？

令人感到庆幸的是，国家对此现象已有了新的政策。"双减"政策的出台，说明相关部门开始更加重视孩子的身心教育，同时给了家长们一个面对教育的思考空间，不那么轻易盲从。让教育回归到本相，真心希望我国的教育早日呈现和善、从容之相。

24. 梦想之道——启动梦想之光，开动学习动力

童年时光应该是充满梦想的，但现如今孩子们被过量的作业压的连做"梦"的机会都没有了。我们常常会怀念小时候的不切实际的梦想。例如，我从小就是吃货，最希望的是吃各色零食，特别是看见小卖部的阿姨一边与人聊天一边包零食，非常让我羡慕，于是心里就想长大后我一定要变成这样的阿姨。当然这是一个可笑的梦想，但长大后别人问我小时候的梦想是什么？首先进入我脑海的还是这个梦想，它给我留下了不可磨灭的记忆。其实，孩子越小越有"梦"，因为孩子的世界是由五彩斑斓的"梦"组成的。孩子小时候一般会撒谎。父母总是会问，我的孩子老是撒谎，是不是道德有问题啊？但从心理学的角度分析，你会发现，孩子的许多谎言实际上是在编织梦想。也就是说，小孩子撒谎不一定是道德的问题，可能是孩子对未知世界的描绘或者是为了逃避什么，如逃避惩罚而产生的对理想状态的描述。当孩子对自我认知及客体认知不是很全面时，作为沟通的方式，其就会勾画梦想的世界呈现给我们。我们需要区别孩子是不是道德层面上的撒谎，如问到妈妈去哪

了，小孩子可能脱口而出说妈妈去上班赚钱，其实妈妈不一定是去上班了。

梦是人们所需要的意识形态，无论是晚上之梦还是白日之梦，都代表了我们潜意识的期待，可以将它理解为一种目标。人没有目标就会盲目，做任何事情都需要目标。在向着目标走的时候，一些人会享受过程，一些人会享受结果，这与个人的希望有关。无论是享受过程还是享受结果，如果目标设定了，并且认为目标是对的，那么你走的每一步都会离梦想更近一点。但是如果目标错了，那么每走一步就会离梦想更远。不管大人还是小孩，目标对我们都是非常重要的。小孩子可能会有虚无缥缈的目标，可能会被看作是梦话，但随着梦的慢慢清晰，我们应该帮助孩子达成目标。

总而言之，有两个重要因素：其一是早日让孩子确立自己的目标。"梦想"是孩子启动学习动力的最好方法，当一个孩子有了明确目标，知道自己是为什么而学习时，学习方法、学习节奏都会自然而成；其二是作为家长，与其伤怀孩子的学习成绩，用"别人家的孩子"来打击自己的孩子，还不如帮助孩子开启梦想之光，找到自己的人生目标，推动孩子的自主学习，并提供更大的空间，让孩子早日学会独立自主。唯有如此，才能让孩子走得更远。

这一切就是梦想之道！

中 篇 关于"他们"

在工作中几乎每天都会见到不同的孩子,通过每个孩子的行为和表达,可以洞见他们背后的家庭教育系统。孩子的行为与认知都是在特定的家庭环境中产生的,所以我们一直说:孩子没有心理问题,孩子的心理问题来自家庭。

在我所有的讲座中,有两个内容的讲座颇受欢迎,一个是针对幼儿园及小学孩子的家长最关心的话题——儿童的"专注力培养",另一个是初高中学生家长最关注的话题——"学习动力的培养"。因此,在这里我将通过这两部分内容来探讨一些亲子教育中的实际操作问题。

一、什么是专注力

——搞清楚感觉统合，就能够帮助孩子集中注意力

孩子学习通常会碰到两件事情：专注力＋兴趣（或者叫作"学习动力"），其他的诸如学习技巧、运用等都是在解决了这两件事情的基础上延展开的功能。那么，专注力究竟是个什么呢？

人出生之后身体的各种功能都会随着生长发育而逐渐完善，用进化论来解释就是：物竞天择，用进废退。身体自然会择优选择一些需要的功能区不断完善，而专注力就是其中的一项。简单地说，专注力是在人体感觉系统配合下达成的一种身体能力。所以，从这个角度看，专注力首先可以理解为身体自带的功能，稍加关注和训练就可以让孩子拥有合格的专注力，而身体发育的前几年对于孩子来说至关重要。

专注力是很多家长，尤其是低幼龄孩子的家长关心的话题，著名的儿童心理学家皮亚杰说过：智慧的根源，是来自幼儿期的感觉及运动发展。任何孩子都必须经由感觉学习，大脑才能有效地发展出完整的思考能力。所以说，7岁以前是孩子非常重要的感觉系统成长发育期，这个时期人脑相当于一部感觉处理的机器。这个年龄阶段的孩子是依靠感觉进行学习的，也可以理解为感觉运动组合能力比较好的孩子，长大之后读书、写字会比较容易，尤其突出表现在"专注力"上。

在工作中，我们发现随着科学的进步与发展，社会"小家庭化"现象和"6+1"家庭教育模式开始产生。在家庭教育中，对孩子的过度保护、隔代教育、玩具电动化、因剖腹产手术造成的孩子触觉敏感、因爬行不足造成孩子的前庭平衡失调……这些问题都会直接影响到孩子的专注力，为孩子今后的自主学习能力埋下隐患。这些问题综合来讲可归为"感觉统合"的问题，孩子在成长过程中肌体不能很好地把所有感觉组合在一起加以运用，就会出现"感觉统合失调"的问题，继而影响到专注力。

很多家长跟我"投诉"过，说花了很多钱去做"感统训练"，但是见效很慢。我只想说，每个孩子都是一个独立的个体，生长发育也不会整齐划一，如果只用同一种方式来训练，收效甚微是正常的。每一个孩子的感统训练都

需要有一个特别定制的方案，需要根据感统理论和孩子自身的问题根源来做计划。我通常会在我的工作室里跟学员们详细讲解，让家长们理解感觉统合理论，并且学会自主训练孩子的方法。其实在生活中，通过一些简单的亲子游戏互动，也可以达到寓教于乐起到改善感统能力的作用。我们不妨回想一下我们小时候的那些快乐时光，虽然玩具很粗糙，游戏很简陋，但是却让我们的童年充满欢乐，并且实实在在地贴合了我们的感觉系统发育。在这里，我将用整理出来的52个亲子游戏，来帮助"他们"做"感觉统合"训练，也帮助"你们"找回美好的童年记忆。

在学习方法之前，我们还是要讲讲"道"，这是我要传递给大家最基本的概念。

诚如前文所述，孩子专注力不够，很多是因为身体发育过程中的阻滞而形成的，而孩子的专注力问题，大多会在孩子进入小学开始学习时才被家长关注到。其实，如果家长早一点了解到专注力的相关知识，就能更好地解决这个问题。所以，我们有必要给所有家长补一课，也就是前面提到的"感觉统合"理论。记得在2012年，我开始推进"感觉统合与专注力"的百场公益讲座，这个推进非常艰难，因为当时关于孩子教育的家长课程太多，并且很多家长更加关注的是怎样培养孩子的情商。对于专注力，很多家长是在孩子上小学后才开始注意到孩子注意力不集中的问题，这确实是在学习中比较容易发现的问题。但是专注力的形成并非在小学以后才开始，而是在学龄前就应该关注和训练的。

这些问题直接导致讲座群体的联系，知识的普及和推广都遇到了困难。最难忘的是有一次讲座邀约，本来有60多位家长报了名，结果开讲时才来了5位。即便如此，当看到听完讲座后家长们豁然开朗的那一瞬间，我还是非常欣慰的。其中有两位家长，成了我的学员和现在的同事。

"感觉统合"理论是1972年由美国加利福尼亚大学临床心理学家艾尔丝（A. Jean Ayres）提出的。这套理论体系强调了在孩子7岁以前，通过身体对于感觉组合能力的培养，让孩子如期进入学习状态的过程。7岁以前即孩子的学龄前时段，也叫作"感觉运动发展期"，我们的所有感觉，比如触觉、听觉、平衡感、方向感，都不是独立运作的，而是像一个突击队中的每一位精干强悍的士兵，缺一不可，分工协作。它们组合在一起完成一件任务的形式与人体运用各种感觉协调运作指挥身体是一样的，这就是"感觉统合能力"。对于专注力不集中的孩子，他们的表现方式是不同的，根据孩子表现出来的行为，我们可以猜测到大致成因，然后需要区别对待，对症处理。

感觉统合与学习能力有着密不可分的关系，比如上课记笔记，就需要手与眼睛的协调并用，我们把它叫作"手眼协动"能力。在感觉统合系统理论中，一般将这种能力细分为五大板块。

第一板块是前庭觉与大脑两侧的分化能力。前庭觉包括视、听、嗅、味等感觉，头部和颈部的所有活动，以及这些讯息和大脑功能区脑细胞的互动，同时也是语言发展相关的器官和大脑功能分化的"守护神"。特别是在3岁前后的左右脑功能分化，如果前庭觉发育不好，对于这些功能也会形成障碍。在人的第四脑室底有一个前庭神经核，是小脑传入和传出通路的重要中转站，使平衡觉冲动上升为意识，如对头部运动、方向和平衡的感知。

我在讲座中经常遇到这样的情况，有家长反映幼时爬行不足的孩子，前庭功能发育往往较差，那是因为孩子在爬行的时候仰头望前，锻炼的就是颈部的肌肉，颈部肌群有力，那么位于颈后的前庭神经核发育就相对完全。孩子在爬行的时候是锻炼前庭觉的好机会，爬行不仅锻炼了孩子的前庭觉，还具有平衡感，让孩子更有安全感。人类的直立行走解放了四肢，让我们的视野看得更远，但也把最容易受伤害的心脏等内脏部位暴露了出来，这个体态动作不如趴在地上将心脏紧贴地面有安全感。

孩子一旦前庭觉失调，特别突出的表现有：好动不安、注意力不集中、不专心听讲、小动作不断，比一般孩子更容易给家长添麻烦，难以与他人同乐。并且还可能出现语言发展迟缓，表达能力差等现象。

此外，因为前庭平衡感失调，孩子还会站无站相、坐无坐相、容易跌倒、拿东西不稳、心烦气躁、有攻击性等，甚至由于中枢神经发育不健全，影响左脑的组织判断能力。

我经常就此做了一个形象的比喻：好比将一个球状物体放在桌面上，它会滚动摇晃一会儿才停下来，而如果将一个正方形物体放在桌面上，那就稳当许多。平衡感不好的孩子就像那个球状物体，因为平衡感不好，就会一直在那里调整身体的姿态，看起来就像是屁股下有东西，我把这类孩子称为"猴子屁股"似的专注力不集中。由于此类孩子的专注力问题集中表现为好动，故有很多孩子被家长或老师打上了"多动症"的标签，其实多动症与好动还是有本质区别的。

第二板块是脑神经生理抑制困难。那么，什么叫脑神经生理抑制困难？大脑是加工各种思想信息的，大脑也会选择性地加工有用信息而抑制无用的信息。如果出现脑神经抑制的困难，那么无用信息就会干扰大脑的正常工作，听、视、味等感觉方面都会出现问题。

有些孩子，上课时经常思想开小差，别的同学听不到或者注意不到的一些与上课无关的信息，他总能敏锐地感觉到。做功课时，则容易分神，爱多管闲事。具体表现为：注意力不集中，好动；不喜欢和别人说话，或对别人的话听不进去；经常忘记老师说的话和留的作业等；偏食挑食。我把这种现象戏称为"多管闲事类的专注力不集中"，其是很典型的脑神经抑制困难的孩子。

大脑过滤无用信息的能力是需要通过一些训练来获得的。建议家长在给孩子装修房间时，墙壁的用色不多于两种，以浅色为好；孩子做作业或者玩游戏的桌面上东西要少，总之房间越简单干净越有利于孩子注意力集中。并且在孩子游戏或者做作业的时候，尽量减少其他无用信息的干扰和人为打扰，为孩子创造出一个单纯干净的学习和游戏环境。

第三板块是触觉统合能力。触觉是肌体对于来自外力的接触之感受，是分布于全身皮肤上的神经细胞接受来自外界的温度、湿度、疼痛、压力、振动等方面的感觉。当然，触觉还有着更为神奇的作用，即用来表示亲密、善意、温柔与体贴之情，是沟通技能中十分重要的因素。

如果孩子触觉敏感，会表现出：易紧张、胆小怕事、不合群、孤僻、挑食偏食、害怕陌生环境、咬指甲、爱哭、脾气暴躁、不喜欢他人触摸。如果孩子触觉迟钝，则会表现出：反应慢、动作不灵活、笨手笨脚、大脑分辨能力差、感情冷漠。

讲到触觉，我常常会在课堂里统计一下剖腹产的孩子有多少。因为妈妈顺产过程中的阵痛，其实是孩子人生中最好的触觉学习过程。产程阵痛大概要维持6～8个小时，有时会更长，这是子宫在收缩并把胎儿推出产道的过程。在这个过程中，子宫壁的每一次收缩都会让孩子感受到压力，锻炼的就是全身的触觉能力，再加上产道的挤压，应该说当孩子从母亲体内被挤出来到这个世界，第一堂课就已经上过了。但如果是剖腹产的孩子，没有经过这个过程就相当于错过了一堂很好的学习课程，后期是不可能再补回来的。但是很遗憾，每次课堂统计都会有30%左右的孩子是通过剖腹产途径来到人间的。当然，手术让母亲减少了生育风险。一般来说，剖腹产的孩子很敏感，因为敏感，对于外部信息的接受度就更高，学习能力也强。然而这些孩子一旦到了上学以后，就会因为敏感而显现专注力问题，有些在人际关系上和抗逆力问题上也会出现问题。我把这类孩子的专注力不集中，称之为"玻璃心式的专注力问题"，孩子敏感于各种情绪，更加关注父母的心理变化，通常爱哭，会由于自己或他人的情感波动而分神。

那么如果是剖腹产，或者孩子已经呈现出触觉统合失调的行为，该怎么办？我们的建议是，剖腹产的孩子要多做抚触，并在养育的过程中不要太精细化，要故意给孩子用一些比较粗糙的爬行垫，或者洗澡的时候用冷热水交替，多带孩子做一些户外运动。总之，不管是否剖腹产，孩子越是"粗养"，触觉能力就会越强，平时让孩子多接触大自然是孩子们训练触觉最好的方式。

第四板块是本体觉统合能力。什么叫本体觉呢？本体觉又称为"身体地图"或"身体形象"，是人体本身具有的固定感觉，也是肌肉、关节运动神经组织、身体神经组织和大脑长期互动练习过程中，协调出来的自动自发的能力。简单地说，本体觉就是人对自己身体的感觉，例如对大小肌肉的控制、手眼协调、手耳协调、身脑协调、动作灵活度等。本体觉能告诉我们关于位置、力量、方向和身体各部位的动作。本体觉与学习的关系更加直观，如"手眼协动"，抄写笔记就是手和视觉的协调作战，有些孩子抄写笔记很慢，就有可能与手眼协动有关。因为两个感觉配合得不好，所以动作反应就会比其他孩子慢半拍。"手耳协调能力"大概可以理解为背书默写的能力。

本体觉在人体感觉的发展中常被誉为"智慧的象征"。本体觉失调的表现为：方向感差，容易迷路和走失；容易驼背、近视，过于怕黑；动作协调

能力差，走路容易摔倒；语言障碍以及手工能力差。由于孩子总是顾忌身体如何行动，因此心情常处于紧张、焦虑状态，会产生自卑。我们称之为"不知所措型的专注力不集中"。

我们曾经训练过一个孩子，就读幼儿园大班。到我们工作室来的时候，他姥姥反映说这孩子特别笨，也特别胆小，其他孩子都学会了系鞋带扣纽扣，但是她孙子怎么也学不会。经过测评，孩子的本体觉严重失调。在经过一个月的个性化训练后，孩子不但学会了系鞋带扣纽扣，性格也开朗很多。在家长汇报会议上，孩子的姥姥当场激动得流泪了，一个劲地问我们是否每天都在教孩子系鞋带呢？其实，我们根本没有刻意教孩子去做什么，集中训练的时间也仅仅是在每周二、周五两次放学后，用一个小时的时间，对孩子做一对一的感统训练。

第五板块是视觉统合，人们一般对于视觉的理解为视力，而视力仅仅是视觉体系中的一部分。视觉是人体非常重要的感觉之一，人类大脑对客观事物的认识大多是从视觉获得；孩子通过视觉认知世界，学习文化，并且视觉统合能力和其他感觉密不可分。视觉统合能力包含了视力，但不仅仅是视力好不好那么简单。视觉统合能力包括：视觉联想能力、视觉记忆能力、视觉分辨能力、手眼协调能力、视觉追踪能力，事实上视觉成熟的最重要的因素是焦距。注意力与视觉有着密切的关系。可以这样理解，我们给孩子们读绘本，并且让孩子们看图说话，这就是视觉联想能力的一种，而视觉跟踪也会广泛应用于我们的学习和生活中，如平时的打球、射击、开车等。对于视觉统合造成的问题，一般称之为"拖延型的专注力不集中"。

如果孩子视觉统合失调，通常表现为：尽管能长时间看动画片，却无法流利阅读，读书经常跳行、多字少字，以及写字出格、偏旁部首经常颠倒，有的甚至不愿识字、不会做计算等。曾经有一位家长，孩子已经12岁了，但是语文抄写老是错字跳行，字也写得歪歪扭扭，就算专门练字也没有改善。妈妈觉得他很粗心，而且屡教不改，以为是孩子的学习态度有问题。我见了孩子以后，发现孩子其他功课都没有太大问题，人也很开朗很阳光，倒是他母亲却为了经常被班主任叫到学校而过于担忧焦虑。其实，如果这位妈妈能早一点了解感觉统合的知识，或许可以早一点通过训练帮助到孩子，感觉统合训练在孩子越小时开始，效果越好。

知道了以上感觉统合失调的五种分类，我们就可以对症做一些训练，当然训练得越早越好，从孩子最短板的那一类感统失调类型做起。但是，这之前需要科学地判定孩子是什么类型的感统失调。我们有一套感觉统合测试题，已经通过与上海健康云的合作，把测试题放到了健康云测试端。在此有必要解释一下，为什么要把此测试放在健康云平台上：首先，健康云作为上海市互联网医疗平台，承担了让居民足不出户即可享受健康档案查阅、预约挂号、慢病管理、家庭医生在线、智慧接种、亲情账户等多项便民的健康在线服务。在新冠疫情期间更是为上海市民提供了健康码查询、疫苗接种以及核酸检测等预约登记，是上海市"互联网+医疗健康"公共服务的统一入口，具有很强的公信力，在隐私保护上也是可以信任的。其次，到目前为止，我们团队是与健康云合作的唯一心理机构，有很好的合作基础。所以，有需要的家长可以登录健康云APP，在《知了心理》这个栏目里找到测试栏进行测试，测试完毕即可看到结果。当然如果对于亲子教育甚至于其他心理困惑，也可以在栏目里找到我们团队的优秀咨询师进行线上咨询。

这里需要说明的是，测试结果不要去跟其他孩子横向对比，因为孩子的年龄、生理发育、生长环境，以及主测家长对于孩子的了解，都会直接影响到孩子的测试结果的准确性。如果你的孩子还在学龄前，我们只需要看看自己的孩子前五项测试类型里哪一项分值最低，就可以对应到我们下面描述的52个亲子游戏，加强相应类型的训练就可以了。如果你的孩子已经上小学，那就需要做七个类型的测试，而前五项测试的结果也会受到孩子年龄的影响而有所改变。应该说这个测试可以提供给大家一个训练思路，不用过于纠结结果。

专业的感统训练需要有个性化的训练计划。原因很简单，正像前面说过的，因为每一个孩子感统失调的类型和原因不同，所以每一个孩子的训练顺序和进度一定是不同的。在感统训练中，最重要的是训练师与孩子在训练中的沟通，需要有一定的专业知识作为理论背书，好的训练陪伴才会让训练更有效。这就是这么多年，我们坚持培养了一批又一批的学员，大家齐心协力普及感觉统合知识和指导家长帮助孩子开展感统训练的原因。希望更多的家长了解感统知识，并掌握一些可以在家里实施的训练方法。

其实每一个父母，都是孩子最好的训练师，前提是需要掌握"感觉统合理论"和"发展心理学"的相关理论知识。这对于学习型的家长来说并不难，而专业训练的场地也可以在家里、儿童乐园以及自然界里，以亲子游戏的方式来取代。每次讲座有很多家长都会问：为啥我们小的时候学习没有那么纠结啊？那是因为：其一，我们那个年代学习压力没有那么重；其二，我们的童年游戏基本上都是感统训练，可以说我们从小每天都在做感统训练，感觉系统在游玩中得到锻炼，当然也就没有那么多专注力的问题。因此，我们将一些儿时的游戏列出来，家长们可以按照游戏提示，跟孩子们一起互动一下，一同追回一些童年的快乐吧。

1. 趴着滑滑梯

游戏说明：滑滑梯是大部分孩子喜欢的快乐游戏，不敢滑滑梯的孩子不一定是因为胆小，我们更需要关注孩子身体感觉方面是否给这样的游戏提供了支持。趴着滑滑梯（不建议太高的滑梯）是前庭感训练的好方法，在保障孩子安全的前提下，让孩子以腹部为着力点，抬头，向前平指伸展双手，男孩子可以模仿"巴斯光年"做"宇宙无限"的动作。家长需要在滑梯下准备一个软垫，以防孩子着陆时磕着下巴。

这个游戏是训练孩子前庭平衡和触觉的，我们可以想象孩子在趴着滑滑梯的时候也就是在模拟爬行的动作，所以锻炼的是前庭神经核；而身体在运动中承受的压力、摩擦力和需要的身体协调能力，又恰好锻炼了孩子的触觉和本体觉。

2. 打弹子

游戏说明：不知道家长们是否还记得那些我们小时候的弄堂游戏，打弹子就是男孩子们最喜欢的游戏之一。趴在地上以三个手指握着玻璃球，用大拇指将手里的玻璃球弹出去，以期击中其他的玻璃球。这个游戏是一个很好的"视觉跟踪"训练，它不但锻炼到孩子们的视觉统合能力，通过手指对于玻璃球的掌控，也会锻炼到孩子们大小肌肉的协调能力，提升本体觉。通过趴在地上的身体调整，可以更好地扩大实现调整角度，让身体的协动能力得以提升。并且，如果父母陪着孩子一起玩这个游戏，会进一步拉近亲子关系。

这个游戏既训练本体觉、视觉，同时也对于孩子的前庭能力训练有帮助。

3. 放风筝

游戏说明：如今，孩子们的户外活动太少了，趁着风和日丽，家长可以带着孩子们去郊野放风筝。这个游戏不仅可以让亲子关系更融洽，而且长时间的抬头对于前庭感缺失的孩子是一种很好的锻炼，同时对孩子的视力也是很好的锻炼。尤其是错过了其他前庭觉训练年龄的孩子（如年龄比较大的孩子）。在蓝天下，孩子们仰望天空，看着美丽的白云，高飞的风筝，对孩子的心理健康有帮助。而孩子在奔跑中控制风筝，则对于孩子的本体感和平衡感是相当有好处的。一些家长问我孩子虽有前庭平衡失调的问题，但是孩子年龄大了，不能接受感统训练了，那应该用什么方法替代，我就会推荐放风筝。如今孩子的学业压力大，难得的休息日就不要把孩子再关在家里或者补习功课了，还不如带着孩子去野外放风筝，既放松又是很好的专注力训练。

通过这个游戏可以训练孩子的视觉、前庭觉和本体觉。

4. 打雪仗

游戏说明：大雪让世界一片洁白，人们会觉得心里安宁，而打雪仗则成了大人和孩子都喜欢的游戏。这个游戏不仅让人产生愉悦的感受，也能让孩子在合理的冲撞中学会承受、躲避，对于触觉和本体觉的训练都有帮助。如果孩子有触觉统和失调（通常剖腹产的孩子比较容易触觉统和失调），那么建议在孩子打雪仗时可以不用戴太过厚实的手套，让手充分接触雪，感受冰雪的温度，加强触觉训练。

这个游戏主要训练的是触觉、视觉和本体觉。

5. 玩翻棋

游戏说明：小的时候因为无法理解象棋的规则，大人就会跟孩子一起玩翻棋游戏，即把象棋齐刷刷的反过来，每人一次翻两个。如果两个象棋是一样的就赢得两个象棋，如果不一样就要放回原处，看谁收获的棋子更多，谁就是赢家。这个游戏锻炼的是视觉记忆能力，也就是背书的能力，而且在游戏的时候，还可以锻炼到大脑过滤无用信息的能力。主要训练：视觉和脑神经生理抑制困难。其对于增进亲子互动也是很好的。

6. 抓骨牌

游戏说明：这是女孩子小时候最喜欢玩的游戏之一。取四个骨牌或者麻将牌作为筹码，做一个小沙包，只用一只手先把沙包向上扔得高高的，同时去抓散在桌上的骨牌，再同时接住掉下来的沙包就成功了。将骨牌撒到桌上后，必须抓取状态相同的骨牌（如两个都是正面朝上的），或者三个以上状态不一样的骨牌，自己可以设置积分规则，产生竞争。这个游戏很适合父母与孩子在家做亲子互动时进行，孩子一定会乐此不疲。接沙包的过程就是锻炼手眼协调能力的过程，同时也锻炼了手指灵活性。游戏的主要功能是训练：本体觉和视觉。

7. 跳橡皮筋

游戏说明：可能每一个女孩的童年都是在与小伙伴跳橡皮筋的欢乐中度过的，弄堂里响彻的女生们戏耍时的歌谣和欢笑还时常历历在目。不知从何时起，孩子们孤独了，功课多了，再也凑不到一起跳橡皮筋了。但是，这个现在罕见的游戏却能让孩子们的身体更加灵活，平衡感更好，其对于本体觉和前庭平衡的训练是最好的游戏之一。出一身汗，蹦蹦跳跳，跟小伙伴们开开心心地打打闹闹，这样美好的童年何尝不是一种浓浓的欢喜？

8. 走独木桥

游戏说明：孩子小的时候，总喜欢"不走平常路"，那条通往远方的铁轨上，一定留下了人们张开双手走独木桥的身影。记得小时候的操场上，有一个被磨得发白的平衡木，大概半人高的样子，同学们经常并排坐在上面聊天，脚在空中荡来荡去，一点也不担心会掉下来，甚至有时候大家打打闹闹一个一个走过平衡木，跳到对面的双杠上，稳稳当当，十分快乐。这个游戏锻炼了平衡感，让孩子们上课的时候可以安静下来，再也不会像"猴子屁股"。它是训练前庭平衡的游戏之一。

9. 爬行

游戏说明：孩子"七坐八爬"——每一个孩子都会经过一个爬行的过程才学会走路。我在讲课时了解到，也有不少没有经过爬行就直接学会走路的孩子。如此便跳过了一个很好的前庭觉和平衡感、协调性的锻炼机会。如果孩子爬行时，我们运用一些质地比较粗糙的爬行垫，还能够同时锻炼孩子的触觉。如果孩子已经过了爬行的年龄，那就需要家长动脑筋创造一些与爬行

相似的游戏，来与孩子互动，一样可以训练孩子们的本体觉、前庭平衡和触觉的。

  10. 跳房子

游戏说明：我们童年印象中的弄堂里，每天都会有一堆孩子围在一起"跳房子"，就是用一块可以画出白色痕迹的小石头，或用粉笔，在地上划出一个房子形状的图案，然后单脚跳和双脚跳交替着，把石子踢进指定的格子里就算胜出。单脚踢出石子的力量需要精准把控，这对于肌群的控制能力不是一两天能练就的。这个游戏除了锻炼协调能力，还有平衡力。所以，它对于本体觉、前庭平衡的训练是非常好的。

  11. 斗鸡

游戏说明：这是男孩子们特别喜欢的冲撞游戏。大家屈膝抬起一条腿，并用手抱住这条腿，形成金鸡独立姿势，然后相互冲撞，谁被撞出了指定区域，或者双脚着地就算输了。这样的游戏看起来有风险，但是一般孩子们都能很好地把控住自己的身体，经常这样玩，可以提高身体的协调能力。同时，因为有冲撞，也加强了情绪控制和触觉压力的感受。它主要训练的是前庭平衡、本体觉和触觉。事实上，通过对抗对孩子的抗逆力也有很好的帮助，让孩子的内心充满力量。

  12. 抽陀螺

游戏说明：如今能看到聚在一起抽陀螺的，大概仅限于广场上退休的大人们，他们闲暇时凑在一起通过小时候的游戏来回忆童年的时光，同时锻炼身体。抽陀螺应该是孩子们的专利。用一根绳子，不断地抽打一个疯转的陀螺，对于陀螺的转动和轨迹，仅通过抽绳的力量和方向把控来调整，看起来有一定的技术含量。这个游戏不但需要游戏人进行手臂控制，更需要对于旋转中的陀螺加以预判，是一个很好的训练视觉统合和本体觉能力的游戏。

13. 抓蝌蚪

游戏说明：小时候，爸爸妈妈常会带孩子们出去玩，除了在草地上追逐嬉闹，每次最开心的就是抓蝌蚪，因为我们经常听一个叫作"小蝌蚪找妈妈"的故事，故而对于抓蝌蚪，大家都是乐此不疲的。动手做一个小网兜，再找来一个玻璃瓶，在瓶口打一个结，拎着玻璃瓶来到小河边，趴在岸边，去打捞小蝌蚪。然后带回家，看着小蝌蚪长大，再放回到水里，找它们的妈妈，这是我们童年时一份坚定而快乐的执着。这个游戏主要训练：前庭平衡、本体觉和视觉。

14. 看飞机

游戏说明：准确说来，看飞机不能算一项游戏，但是孩子们的好奇心有时是没道理可讲的。特别是住在机场附近的孩子们常常会愣愣地坐在操场上数飞机玩。抬头数飞机，通过飞机的外形和颜色来判断所属的航空公司，是一种非常好的视觉跟踪训练，因为抬头看飞机类似放风筝一样可以锻炼肩颈和前庭平衡。

15. 趴地推球

游戏说明：趴地推球是感觉统合训练中的一个专业的项目，平时在家中

也可以和幼小的孩子一起玩。玩法很简单,即用一个球,与孩子一起面对面趴在地上推接球。这个游戏可能年龄小一点的孩子会更适合,既锻炼了前庭平衡能力,也锻炼了手眼协调能力。另外,家长还可以通过这个训练方法,变幻出更多有意思的亲子互动游戏来丰富趴地推球的难度和趣味性。我们建议在地上铺一条厚一点的毯子来玩,这样除了对于前庭觉和本体觉,还可以锻炼孩子的触觉能力。

 16. 小车滑行

游戏说明:在商店买一个滑行车,就是一个板下面装了四个万向轮的那种。当然家长手巧的可以自己动手做一个,一块木板和四个滑轮即可,非常简单。让孩子腹部趴在板上,用两脚蹬地前行,或者手脚并用,模仿乌龟爬行,也可以由父母抓着孩子的小腿进行推拉。这个游戏可以成为竞争游戏,父母和孩子比赛,不但锻炼了手脚协调能力,还可以训练到前庭平衡感。当然和上面的游戏一样,小车滑行比较适合年龄小一点的孩子。它主要训练孩子的前庭平衡和本体觉统合。

 17. 踩高跷

游戏说明:用两根棍子分别扎一个横杆就能踩高跷了,这是一个可以让人感觉自豪的游戏。踩在高跷上嬉戏打闹,竞争赛跑,对于全身的肌肉协调的要求很高。如今网上到处可以搜索到制作精良的高跷,美观性和安全性都很好。小一点的孩子可以用那种踩在脚下的,用小砖头或者废弃的罐头和绳子做成的矮一点的高跷,大一点的孩子则用难度高一点的高跷,其对于平衡能力和协调能力都有帮助。

它主要训练:前庭平衡和本体觉统合。

18. 搭积木

游戏说明：积木有插件类的积木，或者堆搭类的积木，它们都可以训练孩子手部肌肉群的协调能力。对于一些有着竞赛类或者比较复杂——需要记忆或观察的积木，能增加视觉记忆和视觉联想的功能，可谓好处多多。其实搭积木与学习写字的动作更接近，也更让孩子喜欢和专注，所以，陪孩子搭积木吧，让孩子们置身于搭积木的欢乐中。

搭积木主要训练的是视觉统合和本体觉统合能力，通过专注的搭拼积木可以训练孩子有效的脑神经生理抑制功能。并且，搭建后的成品和家长的适当鼓励，也是孩子建立自信的一种渠道。

19. 创意画

游戏说明：创意画的表现形式可以是多种多样的，如拖地板时，孩子喜欢和我们一起用拖把在地上画出各种形状的图案，然后在大家的惊呼中享受成功的喜悦。其实涂鸦创意图画对孩子来说，就是一种释放天性的表达，也是视觉联想的最好的锻炼方式。只是如果太早地让孩子遵循一定的规则去画画，虽然作品有模有样，但却可能抑制了孩子的创造力。其实还不如让孩子自由发挥，带着童贞的创意画更能打动人心。

通过这个游戏，可以训练孩子的视觉统合和本体觉统合能力，更加激发孩子的创造力。

20. 游泳

游戏说明：如果不指望孩子成为游泳冠军，那么游泳的姿势和速度都不需要严格要求孩子，不管哪一种姿势都可以锻炼孩子的平衡能力。尤其是蛙泳,每次浮上水面的短暂换气,能很好地锻炼前庭神经核,而身体对于水温的感受,训练了触觉。我们鼓励孩子参加游泳,尤其是冬泳,这对于孩子的抗挫力和触觉训练更好。

主要训练的是触觉统合和前庭平衡,还有本体觉的能力。并能够克服对于水中陌生环境的恐惧,给孩子带来自信。

 21. 玩飞镖

游戏说明:对于孩子来说,如今有更安全的磁吸式的飞镖,可以用来作为平时的互动游戏,如比赛和练习。对于视觉跟踪,手眼协调,玩飞镖都是很好的游戏,能锻炼手腕和手臂的力量,为写字学习打下基础。小伙伴们之间的竞争,或者与家长间的互动,可以让孩子学会包容和礼让。其对于视觉统合和本体觉统合能起到很好的训练作用。

 22. 走迷宫

游戏说明:现在公园里大都有迷宫,再加上"躲猫猫"游戏,让孩子们乐此不疲。如果可以在家里创造出一个迷宫那就更好了。这个游戏主要锻炼孩子的方向感,对于孩子视觉统合里的视觉联想、视觉记忆、手眼协调能力都是非常有用的。

 23. 连连看

游戏说明:说起"连连看",估计大多成人都爱玩,但是用手机玩连连看比较伤眼睛,不建议让孩子玩。然而,这个游戏的玩法确实可以训练专注力,对于视觉联想和视觉记忆的训练有很大的好处。我们可以尝试着用麻将牌、扑克、象棋等按照连连看的游戏逻辑，设计成桌游，跟孩子们一起玩。主要作用是锻炼孩子的视觉统合能力。

24. 连点成画

游戏说明："连点成画"游戏多见于一些专注力练习册中，其实在家里，也可以作为亲子互动的游戏来玩。父母在纸上画一些点，让孩子连起来看看是什么，也可以让孩子画一些点，父母连起来看看是什么，如此有了竞争，会让孩子喜欢上这个游戏，促进亲子关系。连点成画开拓了视觉联想，以及手眼协动能力的发展，是专门用于视觉统合能力的训练，故而其成为专注力训练中必不可少的功课之一。

25. 玩桌游

游戏说明：各种桌游的诞生，让大人和孩子皆大欢喜，尤其是闲暇时光，一家人聚在一起玩桌游是其乐融融。桌游有着培养专注力的功能，无论是竞技类的，还是互动类的，都非常有益于孩子的身心健康。当然，桌游可以自己做道具并制定游戏规则。总之，放下手机跟孩子一起玩桌游，健康又和谐。在玩桌游的过程中，我们通常会发现，孩子大都十分专注，不会关心周围发生的事情。这是专注力训练的好方法，主要训练视觉统合、本体觉统合和脑神经生理抑制功能。

26. 盖瓶盖

游戏说明：家里不用的瓶瓶罐罐不要扔，洗干净后可以跟孩子玩盖瓶盖的游戏，即把瓶瓶罐罐上的盖子打开弄混淆，让孩子一个个的按照原样盖上去。这么简单的一个小游戏，有时孩子会玩得很开心，不但练习了视觉记忆，还锻炼了手指协调能力——要知道这可是抄写笔记的基本功。所以，这是一个训练视觉统合和本体觉统合的不花钱的小游戏。

 27. 玩沙坑

游戏说明：说到沙坑，相信没有孩子不喜欢的，有些孩子可能在沙堆里玩一整天都不觉得累。但很多老人见不得孩子在沙堆里玩，觉得那里太脏了。其实沙子和水是人类生活本能中最喜欢的两个物质，而沙盘游戏，不但可以用于成人的心理健康，也是最吸引孩子的。沙子是锻炼触觉的工具，如果有条件，可在家里给孩子弄一个大沙盘，把沙子消毒一下，既干净又安全。它对于触觉统合训练非常有效果。

 28. 合理冲撞

游戏说明：现在的孩子被保护得太好，合理的冲撞游戏已经不存在，如果让我们回忆一下童年，哪些打打闹闹的场景一定是记忆犹新。其实孩子们在一起追逐打闹，在人推人的游戏中，孩子们能够感受到的是身体的冲撞和闪躲，这不仅仅让孩子之间的友谊更深一层，也同时练就了抗挫能力和身体触觉，以及躲避时的肢体灵活度，对于孩子的健康成长是十分有益的。一般冲撞游戏可以训练孩子们的触觉统合和本体觉统合能力。

 29. 滚铁环

游戏说明：一个铁环，一把铁钩子，承载了人们多少童年的欢乐。除了边跑边滚铁环，滚铁环游戏主要是通过单手控制铁环行进，一旦偏离路线需要及时带回来。其锻炼了手腕力量和视觉跟踪能力，也是身体协调性

的一种练习。现在的孩子运动量太少，小胖子太多，其实越简单的游戏对孩子们的健康成长越有利。边滚铁环边训练到孩子的本体觉统合和视觉统合，能给孩子们创造出许多竞赛的机会和快乐，何乐而不为？

30. 算二十四点

游戏说明：拿一副扑克牌算24点，这是我们小时候常玩的游戏，规则很简单。这个游戏可以锻炼孩子的心算能力，是一种数学训练，但因为有竞争，眼明手快就很重要。该游戏是一个锻炼视觉记忆和视觉联想能力的游戏。有时候我们可以在送孩子上学的途中，跟孩子就前方车辆的车牌一起来算算24点，也算是一种视觉统合训练。

31. 下围棋

游戏说明：许多家长让孩子学习围棋，这是一个很棒的视觉记忆游戏。方寸天地中，黑白两色棋子各执一方，较量中需要保持冷静的头脑，既锻炼了思路，又稳定了情绪，是一种好的心态训练。下围棋的人一般都会不自觉地摸着手中棋子思考，也是触觉的一种训练。如果孩子在围棋规则中学到舍得，以及走一步看三步的人生哲理那就更好了。

32. 看图讲故事

游戏说明：如今绘本图书很多，书里的图画风格各异，所述故事内容丰富，精彩纷呈，几乎各个年龄段的孩子都喜欢绘本。家长们可以让孩子们看着绘本里的图画编一个自己想象的故事，并且跟家长或者其他孩子分享，这是标准的视觉联想练习。

33. 抖空竹

　　游戏说明：现在孩子们中抖空竹的少了，甚至有很多孩子都没见过空竹。空竹是类似于溜溜球的玩具，对孩子协调能力的训练很有帮助，所以，家长可以将抖空竹的游戏，与孩子一起分享。其对于孩子的本体觉统合训练非常有好处。

34. 攀爬

　　游戏说明：攀爬类似于爬树，粗糙的树皮对于手掌是最好的触觉训练，并且左右腾挪让身体挂在高处，对于身体协调能力的要求高。现在许多地方有了儿童攀岩，可以多鼓励孩子去参与类似的活动，这对于提高孩子的四肢力量，以及身体协调的本体觉统合能力和触觉统合能力都有益处。

35. 骑自行车

　　游戏说明：自行车是开启人之潜意识中平衡能力的工具，也是绿色健康的出行交通工具，让孩子学会自行车，等于让孩子有了自己掌控生活的一门技艺。其对于孩子的自信心培养是不错的，同时还能有效锻炼孩子的本体觉统合和视觉统合能力。

36. 捉迷藏

　　游戏说明：孩子大都喜欢玩捉迷藏游戏，或蒙上眼，或给躲避者倒计时；蒙眼的需要通过小伙伴一声声的呼喊来判定方位，倒计时寻找的需要根据自己的判断来推理出躲避者可能隐身的地方。不管哪种形式的捉迷藏，这种方便而高效的游戏，加强了孩子听觉系统的敏感度，对孩子的本体觉训练，认知推理的有效性，以及促进他们与他人沟通协作的能力，都是极有益处的。

37. 丢沙包

游戏说明：这个游戏理论上三个人就能玩，当然人越多越热闹，其中两个人相对而立拉开距离，中间站一个小伙伴。然后，两边两个人开始互丢沙包，在快速的传递中，如击中中间的小伙伴，那就算中间的小朋友输了，如中间的小伙伴成功拦截并接住了沙包，就算两侧的小伙伴输了。其实，游戏规则可以自己定，在奔跑、闪躲、瞄准、冲撞和抓取中，孩子们对身体的把控度能得到有效提升，合理冲撞也开启了触觉系统训练，并且锻炼了手眼协调能力。该游戏对视觉统合、本体觉统合和触觉统合都有效果。

38. 背上写字

游戏说明：平时，家长可以在孩子的背上用手指轻轻地画画和写字，让孩子猜猜你写的是什么？手指用力的程度可以根据孩子的具体情况和适应度来调节。尤其对触觉敏感的孩子，这是一种非常好的触觉训练。此游戏不限时间地点，随时可以玩，既是一种比较好的训练方式，也是增进亲子关系的小技巧。背上写字主要锻炼孩子的触觉统合能力。

39. 老鹰捉小鸡

游戏说明：一个人扮老鹰，一个人扮母鸡面对着老鹰，其余的小伙伴扮成小鸡跟在"母鸡"身后抓住各自的衣角，形成一字纵队。老鹰的目标是抓住最后一只小鸡，母鸡的目标是阻止老鹰抓到小鸡，其他小鸡的目标是相互配合躲避老鹰。这是一个团队游戏，能让孩子们从小学会团队协作，并懂得了保护好他人，才是保护好自己的基础。其对于孩子们的本体觉统合和触觉统合的训练有帮助。

40. 踢毽子

游戏说明：毽子可以去商店里买，也可以自己动手制作，如用两枚铜板，一根羽毛管，一片花布和一些鸡毛，就能缝制出一个漂亮的毽子。踢毽子的游戏能锻炼孩子的平衡能力和身体协调能力，相当于训练孩子的本体觉统合和前庭平衡，其是传统的感统训练项目。

41. 跳绳

游戏说明：跳绳游戏能帮助身体协调，可以一个人单跳，也可以和一众伙伴一起跳长绳，即两个人负责甩绳子，其他伙伴跟着同步跳。这种深受人们喜爱的游戏，不但让孩子们学习的压力及时获得宣泄，而且也锻炼了手耳协动能力，它与学习中的听写有着类似的信息传递途径。另外，跳绳能锻炼每一个孩子的本体觉统合能力。

42. 挑邦邦

游戏说明：一根小红绳，在两个人的双手指尖缠绕着变换各种形式，可以考验手指的灵活性，是亲子互动中非常亲密的互动方式，能帮助孩子开发视觉形象思维和创作能力。其是本体觉统合和视觉统合相结合的一个游戏，也是观察三维空间的一次机会，让孩子能够更加立体的观察世界。

43. 按摩球

游戏说明：在家里我们可以买一个按摩球来帮助孩子做感统训练。首先让孩子趴在健身按摩球上，父母抓住孩子的小腿，球的旁边可放一圈积木或者书本，让孩子左右腾挪地去捡地上的东西。此时，孩子要在球上保持平衡，需要集中精力去捡东西，并且腹部要不断地与球紧密接触。如果是触觉失调的孩子，建议在买健身按摩球的时候可以选择哪些不光滑，或者表面有凸起小点的球。按摩球游戏主要针对前庭和触觉两项训练。

44. 跷跷板

游戏说明：跷跷板玩法很多，除了在公园里看到的两人分坐一边的双人跷跷板，我们在家里也可以用一块搓衣板放在一个罐头上做成单人的跷跷板。跷跷板的功能主要是练习平衡。所以，这是一个训练前庭平衡的游戏。

45. 荡秋千

游戏说明：秋千充满情趣，荡高看远，有着诗和远方的意境，当然也是孩子们钟爱的活动。荡秋千会让人体在瞬间感受到失衡，其是训练平衡能力的不二法门。带孩子荡秋千，是对孩子们前庭功能潜移默化的训练，同时也可以训练视觉和本体觉。

46. 丢手绢

游戏说明：大家围坐一圈，一个小伙伴在众人背后绕圈奔跑，然后偷偷

地将手中的手绢丢在某个小伙伴的身后,被丢到的人要随即起身去抓住丢给他手绢的小伙伴,抓住算赢,抓不住就得连续跑,以此类推。一般来说,后面的人基本上抓不住丢手绢的伙伴,这是一个需要快速反应和极其协调的身体的游戏。该游戏主要训练本体觉统合。

47. 走石子路

游戏说明:孩子越小越不愿意走平常路,或高或低的路面,有泥有水的洼地,以及走石子路是他们十分喜欢的。现在孩子穿的鞋底大都厚实,家长们比较重视孩子穿着的舒适和安全。但是,对于触觉失调的孩子来说,还是建议他们多走不平常的路,又或者故意去走鹅卵石铺就的小道和石子路,也可以直接在家里买几个指压板,在训练触觉的同时,对脚底穴位做个按摩。对于剖腹产或者触觉敏感的孩子这是一种很好的触觉统合训练。

48. 蹦床

游戏说明:许多游乐园里都有蹦床,每每路过能看见孩子们"蹦"得满头大汗,在落下和跳起的瞬间,感受人体的短暂失重和自由落体。如果身体各环节配合得好就不会造成伤害。此游戏既训练了平衡,又锻炼到身体大小肌肉群的协调能力,其对本体觉统合、前庭平衡皆是极好的训练方法。

49. 打节拍

游戏说明:现在有许多孩子在学钢琴、小提琴或其他乐器。无论是钢琴还是其他乐器,其实都能训练孩子左右手的协调能力,并且通过对音乐节奏的熟悉和掌握,训练听觉与身体协调的能力。当然,即使不学乐器,与孩子一起练习打节拍也有同样功效。另外，跳舞也是训练身体随音乐节拍舞动的协调性培养，如与学习能力挂钩，则打节拍同样是培养良好听写能力的方法，是本体觉统合的一种。

 50. 溜冰

游戏说明：溜冰是一种游戏，更是一项运动。然而，如果孩子太小，骨骼还没有完全成熟，会伤到孩子的脚踝关节。但对大一点的孩子来说，溜冰就是非常好的一个运动项目。溜冰需要方向感、视觉、听觉、协调性的高度配合，可谓是调动了身体多种感觉的游戏，对于本体觉统合和前庭平衡有很大帮助。

 51. 坐独脚凳

游戏说明：所谓"独脚凳"，简单地说就是只有一条腿的凳子。坐独脚凳，对于平衡感和协调功能不好的孩子来说，有许多好处，可以帮助他们改善感统功能。除了针对前庭平衡的训练，坐独脚凳还需要本体觉统合的配合，可谓一举两得。

 52. 打球

游戏说明：打球主要是指打乒乓球、羽毛球、高尔夫球、篮球、排球、网球等球类游戏。球类游戏除了竞赛，还含有合理冲撞、视觉跟踪、手眼协动、手耳协动以及平衡等感觉统合中必需的一些训练。如当球向自己飞过来，或者被打出去的时候，便是视觉跟踪，而当看到球并同时接球就是手眼协动，可以说球类游戏是综合性十分强的感觉统合训练。所以，要多

鼓励孩子经常打球，获得最为全面的感统训练。

以上罗列的游戏，相信大家都非常熟悉，并且有许多都是可以在家里玩的游戏，蕴含着感觉统合训练的基本原理。通常，会玩的孩子才会学习，孩子在7岁以前就应该通过玩，完善身体的感觉系统，这样才能帮助孩子们专注地投入学习中。因此，7岁以前被称为"学龄前"是有理论根据和实际意义的，并不是哪位专家"拍脑袋"决定的。

著名的儿童心理学家皮亚杰将儿童和青少年的认知发展划分为："感知运动""前运算""具体运算"和"形式运算"四个阶段。7岁以前的孩子需要完成"感知运动"和"前运算"两个阶段，其是把7岁以前称作"感觉运动发展期"的主要原因。在了解了与孩子专注力密切相关的"感觉统合理论"以后，用科学的方法帮助孩子及早训练就非常必要。上述的游戏只是感统训练中的沧海一粟，希望家长们开动脑筋，用亲子互动的方式，跟孩子们玩游戏，一方面训练孩子的专注力，另一方面也可以让家庭更加其乐融融。

二、学习动力的培养

——用七步法激发孩子的学习动力

说到学习，可能是大部分家长都会头痛的一件事。孩子没有动力，做作业拖拉，考试粗心，家长需要花大量的时间和精力在监督孩子的学习上。那么孩子不愿意主动学习或者就不愿意学习，问题出在哪里呢？我们先做一个联想，我们在一片土地上种下一批小树苗，小树苗在我们的呵护下开始茁壮成长。可是不久以后，我们发现，其中总有那么一两棵树苗长得不是那么葱绿和茂盛，与其他的树苗不一样，但它们是同一批次，同一时间种下去的呀？它们享有的土壤环境是那么相近，阳光照射度差不多，肥料水分也是均匀补给，那么问题出在哪里呢？种子，一定会有家长这么想，即使是同一批树苗，也有好坏的呀。对的，就像我们的孩子，虽然本质上没有好坏，但是基因不同，个性不同，成长环境不同，成长自然就会有区别。但是，只要孩子的智商没问题，基本的生理功能（比如我们所说的感觉统合等能够满足学

习的重要功能）没有问题，那么孩子就应该学习没问题的。然而，为什么有些孩子的学习那么令家长、老师头痛呢？反过来说，就像是我们刚才比喻的树林里长得不好的树苗，同样的条件，除了小部分是因为种子本来就有缺陷以外，我们可以理解为树的生长动力不足。如果孩子的学习动力不足，那么孩子的学习就会成问题。

那么，学习动力是什么？一般孩子从小就有好奇心，而兴趣是指引孩子学习的一大动力，没有兴趣，孩子就没法认真学习。所以，要让孩子学习有动力的第一个方法是培养兴趣。怎样培养孩子的学习兴趣呢？我们做家长的千万不要把培养兴趣的事情扔给老师做，老师就像树林里的园丁，他们需要照顾整个树林的树苗，不可能一一关注到每一个孩子的内心。因此，在孩子还没有接触到他们需要学习的内容、学科和老师之前，就要给孩子做好一定的心理建设，不要去强迫孩子过多过早地接受强迫式学习。即使孩子习得的知识很多，也并不代表孩子就一定会赢在起跑线上了，聪明的家长需要会打太极拳，在推动孩子学习的同时，要懂得拉一点回来。也就是当孩子有兴趣的时候，适时推一把，在鼓励孩子学习的同时，压制一下进度，千万别趁着孩子有兴趣，就一股脑儿地将所有需要学习的东西全部推上去，要懂得保护孩子的学习兴趣。

在学校的课程学习中，跟孩子一起探讨知识延伸部分的内容，非常重要。要给孩子自主畅想的空间，千万别把目光全部聚焦在老师课上的知识，跟着走永远是最累人的，只有放开脚步自由走，跟着自己的节奏，才是舒服的。那么，如何才能放开脚步自由走呢？那就是在孩子刚刚调整到学习状态（小学一、二年级）的时候，养成良好的学习习惯就很重要，可以多运用教育中的"契约精神"，与孩子一起制定计划，合理运用奖惩机制，让孩子学会为自己的行为负责，并且有时候可以让孩子接受一下惩罚。比如，孩子功课拖拉，做家长的只需要与孩子一起设定学习结束时间，当孩子不能按时结束功课时，必须接受第二天不能交作业的惩罚。当然，也可以试着跟老师沟通，请老师关注一下，让老师严格按照不交作业的惩罚规定去执行。几次下来，孩子为了避免惩罚，就会有所改观。在这个中间，家长首先要宽心，有着一种你的作业你做主、你的惩罚你领受的心态。千万不要越界，如果你替

孩子着急完了,孩子何必再着急呢?那他就会继续拖拖拉拉。

当孩子大一些,尤其是到中学,马上面临中考、高考的阶段,家庭的学习氛围可能会有所改变。家长先开始着急,然后学校、老师等都无时无刻地提醒孩子,要中考、高考了,你还不好好学习,考试怎么办?在这样的潜移默化下,孩子的心理压力一定会激增,但动力却反而下降。

我一直跟将要参加中考、高考的孩子们一起交流探讨。通常解决的问题,第一个就是:为谁学?我们可以试着先给孩子做一个规划。主要是应用一些心理测试、测写手段,帮助孩子了解自己的性格、爱好、优势,从而帮孩子一起畅想一下他们未来的蓝图,找到当下而言适合他们的职业选择。当然,我会跟孩子们说明,随着年龄长大,视野的开阔,他们的这份职业选择可能会改变。事实证明,真的几乎所有跟我一起交流过的孩子最初的目标都有改变,而最大一部分的改变是有60%~70%的孩子转行学心理学了,或许是他们通过自身的体验真正看到了心理学的魅力。这个现象并不能全部归结于我们对于孩子的影响,其实是孩子们在跟我们一起交流探讨的状态下,亲身感受到了这个职业的魅力和可控性,每一个可被操作的事件背后都有一份可以自我掌控的安全感。所以,让孩子们亲身体验一个职业的全过程,会等同于在孩子的心里种下职业目标的"锚"。再说,不要怕孩子改变梦想,因为接下去,我们要做的是如何规划去实现梦想。这是一整套方法,有了它不管理想的职业怎么改,都可以用同样的方法来引导自己,事实证明,大多数孩子都是好样的。

在德国,孩子的人生规划是从小学开始的,也就是说,小学的孩子就应该接受规划与如何实现规划的探索。作为一名心理咨询师,我从来不是帮孩子们补课,而是撇开学习畅谈人生,不要以为我们在不务正业,事实是这样的引导,更会让孩子自信坚定地走自己的路,为自己而学,这就是学习动力。

应该说,中国式的应试教育虽然有很多弊端,但是就中国的现状来说,应试教育应该是目前最公平合理的教育方式。有时候,孩子们讨厌学习,讨厌当下的教育制度,是站在他们个人立场上的思考。教会孩子从一个旁观者的角度去思考中国的教育,这是一个很有意思的尝试。每次我们与那些将要

参加中考、高考的孩子们在探讨这个问题的时候，孩子们都会有自己的分析和理解。我们发现孩子们一旦理解了这样的理念，他们对学习的抵触情绪也就变得缓和。

中考、高考对于中国的孩子来说是一份不轻的重负，家长们期望孩子通过中考、高考改变命运，孩子们则希望快速的从学习压力中脱离出来。我们往往忽视了一件事情，就是不清楚考试目的。在孩子们的心里，考试就成了不想为而不得不为之的事情，这是一种痛苦的体验，不得不开启快餐式的学习模式来应对。

在长期的工作中，我总结出了一套CATE的学习原则，其中，"C"是communicate代表沟通；"A"是aim management代表目标管理；"T"是time management代表时间管理；"E"是emtion management代表情绪管理。此是学习的基础——四项原则，看似与学习"无关"，但却是自主学习的"关键"，这套理论和方法帮助了许多孩子建立了自信，明确了学习目标，增强了学习动力，最终考入了理想的学校。

其一，学习是一种建立在互动与沟通基础上的工作。我们发现，有的孩子某一科目的成绩一直不佳，究其原因是因为不喜欢这门课的教学老师引起的。这就要说到沟通效果。事实上，老师在教学的时候，一定是会跟学生互动的，老师讲的越有意思，孩子们听得就越入神；相反，孩子们如果反应很好，学习很认真，老师也会越来越有精神。这就是沟通的本质，学习就是这样在有来有往的形式中推进的。相比之下，网课的效果一定不如老师在课堂上的讲课，因为失去了互动就不是沟通而只是传递。孩子们学会沟通技巧，掌握了与老师和同学的互动要领，也会增强自信心，学习就越来越好。所以，沟通是学习动力的第一要素。

其二，孩子不想学习，大概率是因为不知道为什么要学习，为谁而学习。因此，帮他们厘清目标，十分重要。家长要学会"甩锅"，把学习的事情甩给孩子去接着，让他们知道，学习的目标是为了帮助他们实现自己的心愿，而非成就他人，这个至关紧要。接下来，就是帮助孩子做目标规划和分层管理，让孩子们看清方向，把大目标化成小目标，阶梯性的一个一个去实现它。学习的本质是能够让孩子在体验成功的喜悦中不断往前，如果没有目

标,没有希望,孩子就会成为"空心人",非但不爱学习,还会不爱生活。

其三,时间管理想必大家不陌生,每个人都需要做好时间管理。我们可以把时间切分成一份一份的,来对应需要做的事情;也可以先把事情按照轻重缓急分个类,然后再排一个优先顺序,把最紧要最着急的事情放在第一位去完成。常听到家长吐槽说孩子做作业拖拉,经常边做边玩,做到很晚。其实,如果孩子的所有事情就只有做作业一样,那么说明他的事情没有轻重缓急之分,时间也不能够被准确的分段来管理,简言之就是"一锅粥",这样的孩子做作业怎么会不慢呢?所以,建议从小要教会孩子进行时间管理,而不是等到上学了,孩子做作业拖拉的时候才想起来需要补上时间管理这一课。想一下孩子从小玩游戏的时间,你有没有教会他要做好规划?孩子游戏的状态家长可以视之为学习的状态。很多家长在孩子玩游戏的时候,不太注意让孩子学会把时间切分开,或者按照事情的重要程度去排序。我们建议家长在孩子很小的时候,就用上学后他们会经历的学习状态来规划时间,养成固有的习惯。这样,当孩子进入学习年龄,他们就不需要更改生活和学习的习惯,孩子容易适应未来的各种事情。

其四,关注情绪管理。孩子不高兴了,别说学习,就是吃饭睡觉都会受到影响。所以在学习过程中,学会对自己的情绪进行管理,能够帮助孩子具有平稳的心态和良好的心理素质来应对学习中的各种困难。要想学会情绪管理,首先要学会定义自己的情绪,情绪没有好坏,它只是告诉我们有事发生,它应该被接纳,这是我们需要跟孩子确认的。就像一个孩子哭了,但是哭的背后原因各不相同,有些是因为委屈,而有些哭的背后是愤怒。孩子委屈了,大人表示看到,抱一抱孩子可能就解决了。如果孩子是愤怒了,就需要让他先把愤怒发泄出来,或许这时候家长示弱就很管用。不同的情绪有着不同的背后原因,也就有不同的对待方法。因此,情绪被看到,被接纳,被安抚,被洞察,是一个有序的过程。

以上四项皆属于人的心理能力,也是学习的基础能力,需要始终贯穿于孩子们学习的过程之中。我们需要了解的是:把孩子送进学校,其实是一个综合的行为,如果家长只在乎孩子的成绩,而忽略了孩子其他能力的学习,那是得不偿失的。所以,每天放学以后,我们与孩子的沟通主题也应该涉及

到以上四个方面的交流，如此不但减轻了孩子的学习压力，也能够让亲子互动变得更加有趣和温暖。

　　经过多年与孩子们在一起的交流体会，我创立了"学习动力营"，也是孩子们的"梦想加油站"。我们的工作目标是帮助孩子看清自己的方向，教他们怎么做目标的分层管理。相当于帮孩子找到学习动力的"开关"所在，鼓励他们做好摁下开关的动作。每一个孩子都是处于待机状态的机器，只要找到启动开关并按下去，他们自然会启动学习的动力，因为，我们把"要我学"变成了"我要学"。我总结的七步法，主要是让家长可以帮助孩子考进理想的学校。当然，这个方法得以顺利实施的前提是亲子关系的和睦，如果孩子根本不与父母互动，那就要先修复亲子关系，或者寻找专业的帮助了。

　　下面具体介绍一下七步法：

　　第一步是描绘梦想蓝图：家长通过与孩子谈理想，帮助孩子畅想一下其将来想要过的生活，一起做做"白日梦"，可以让孩子用画把他自己想象中的美好一天画下来，跟家长分享。也可以用剪贴画，准备一些好看的画册和一张白板纸，将好看的图片剪下来，在白板纸上拼成一幅他们理想中的美好生活图景。然后问一下他们，如何才能获得这样的生活？并且可以进一步让孩子在一张纸上画一根横线，以年龄为节点，从他们当下的年龄开始，直到生命终止的年龄（通常设定为80岁）结束，将相应的重要年龄分布于这条横线上，且标注出每一个年龄节点，他们需要做的事情。每一个节点都可以深入探讨，这称之为"生命鱼骨图"。如此可以加强孩子对于未来生活的憧憬和规划，也是一种心理暗示，与此同时要坚定而温柔的告诉孩子，他们不能通过"啃老"来获得美好生活，必须要靠自己的努力。

　　第二步是确认职业梦想：有了对于美好生活的定义，家长便可以与孩子商讨下一个问题，就是将来什么样的职业能够让他们实现这个理想生活。当然，可以先根据孩子的兴趣爱好排一个序，再把收入水平等做一个调查和对比，在这之间找到交叉点，设立为当下的职业目标。重要的是，家长可以通过自己的社会关系，让孩子对他们理想职业的单位，通过实习或者参访来印证确认，他们设定的目标跟他们想象的是否一样？如果一样，那就强化这个目标，如果并不是他们想象中的职业环境，那就继续去找更合适的目标。在这个过程中，也可以在网上找到类似性格的职业测试，来帮助孩子了解自己。这是给孩子内心下的第一个"锚"。

第三步是锁定专业梦想：确认目标职业后，家长要帮助孩子找到相对应的专业，专业不对口，四年的大学方向就错了。如果需要中途换专业，或者再加读一门与自己理想职业相关的专业，那么至少有一半的时间就浪费了。此时，需要家长与孩子一起做功课，尤其是在"未来已来"的当下，许多新的专业很可能连家长都没有听说过，所以要放下身段与孩子一起学习，从孩子梳理好的职业方向入手。这个过程虽然长一些，但这是支持孩子独立思考的好时机，也是家长提升自己，与孩子亲密连接的好机会。

第四步是寻找大学梦想：帮助孩子把相关专业的大学做一个列表，专业能力强，以及学校的整体情况都可以作为调查研究的项目。或在网上浏览一些学校的网站，或者带着孩子去访校，给孩子更直观的心理暗示，建立孩子对目标学校的安全感。这是在孩子心里下的第二个"锚"。

第五步是梳理下层梦想：确立了几个目标学校后，再分析一下前几年该校的录取分数线，了解怎样的成绩可以顺利地入学。如果你的孩子还在读初中小学，那就要和孩子们一起查一下，哪些学校的平均录取率更高。因为学习的氛围非常重要，在一个拥有好的学习氛围的学校学习，自律自主的学习大多不会觉得那么辛苦，这样离考进目标学校要更近一些。这是在孩子心里下定的第三个"锚"。

第六步是子目标分级管理：确认学校后，可以将目标学校的录取分数线，写在一块黑板上，然后根据当下的学习情况，把自己的每一门课程做一个考分预估。每个月都要综合评定一下自己的学习情况，随时为每一科目的分数做修改。如果通过集中的复习或纠错能弄懂几个知识难点，就应该适当地奖励一下孩子，为孩子的点滴进步鼓掌点赞。这个是"落袋为安"的学习方式，因为我们的考试卷是由一个一个的知识考察点累计起来的，弄懂了一个知识点就等于把这个知识点的分数装到了自己的口袋里。无论这个知识点以什么样的题目形式出现，都不用担心。把会的知识点放下，关注于不会的知识点的学习，不但能做到学习目标明确，也是学习减压的好方法。

第七步是修正梦想：在上面六步的基础上，还需要家长与孩子不断的讨论和修正目标方向，此是一个微调梦想的过程，也是一个加固梦想的过程。在工作中我们经常遇到孩子的职业理想发生变化，但只要孩子对梦想的坚定信念和目标管理的方法不变，就依然有动力在实现梦想的道路上披荆斩棘。

大家看到，这七步更像是一个阶梯形的进步，是将大目标通过心理暗示，在心中锚定一个信念，更是一层层地把目标做了层级化的分级管理，由小目标入手，在每一步的进步中，朝着自己设定的理想生活前进。注意：在与孩子探讨的过程中，需要强调资源的合理运用。很多家长觉得与孩子谈资源谈钱，会不会让孩子充满铜臭味，比较功利。我不这样认为，因为在孩子小的时候我们避重就轻，不代表孩子长大后就会不功利；相反，教会孩子合理利用资源，才能造就孩子独立自主的思考。而且，如此细化的目标管理，一定会让孩子终身受益。

个案分享——我和西岳的故事

遇到西岳是在他读初二的那年，因为与他妈妈是朋友也是邻居，他妈妈希望西岳能像我女儿依依一样"优秀"，所以就郑重的把西岳送到我的工作室做咨询。

西岳和他父母的亲子关系非常好，他的父母睿智而温和，是我们小区有名的恩爱夫妻，一家人其乐融融。西岳有礼貌，家教很好，给我留下了深刻的印象。这样的孩子本应属于"别人家的孩子"类型，但与所有的孩子一样，初二了，西岳在学习上并没有十分的紧迫感，他自己也觉得有点茫然。

我们的第一次工作内容就是探讨西岳将来的职业。当时他皱着眉头，想了很久，告诉我要做一名剧作家。他说他经常在网上看小说，自己也喜欢写作，将来如果能成为网络小说家，并且小说被改成影视作品，这是他最希望看到和喜欢的事情。我们一起做了一些职业测试，西岳确实有着文艺的潜质。我问西岳："那你知道剧作家应该读什么专业呢？"他一脸懵懂地看着我。我告诉他："戏文系，可以上中央戏剧学院或者上海戏剧学院的戏文系。"西岳不解，觉得通过网络就可以做到的事情，何必要去读四年大学？我这样跟他分析：戏剧学院不但有戏文系还有导演系、表演系，这是一个戏剧创作的文艺圈子。你们有着同窗的情谊，又有着同样的学习背景，当然对于创作的观点会比较接近，放着身边有些写剧本的同学不找，绕道去网络上搜索作品，这样的概率并不大。这是我们第一次讨论到关于资源的问题，上什么样的大学，其实资源也是我们需要考虑到的问题。接下来我们就开始讨论关于大学的问题。

西岳跟父母关系很好，是家里的独子，他想在上海上学，可以照顾父母，不想离家太远。那么目标就比较明确了，他要上的应该是上海戏剧学院的戏文系。于是，了解该校的情况，就成了西岳的回家作业，这样就给他的心里定下了一个"锚"。

第二次西岳来我工作室，他的眼睛里已经流露出了更加自信的光芒。我们探讨让他在高考时，能够顺利考进上戏的高中，分析了历年各目标高中的升学情况，最后他锁定了一所重点高中为高中学习目标。接着，我们一起用目标分层的管理方法，把每一门科目的预计分数做了记录。有一些功课，花一点时间去复习，可能就会有好的效果，也会给自己的分值猛增几分；有些科目可能难度比较大，那就作为第二阶段需要攻克的目标。

第三次西岳来我工作室，因为各科成绩有了很大的进步，故而西岳信心倍增，学习成绩也越来越好。那天我们讨论了一些其他的问题。比如一直困扰西岳和他父母的问题：西岳不愿意入团的问题。西岳觉得不入团在身份上更加自由，其实孩子有他自己的想法，不能说一定是错的，却也是需要解决的问题。我跟西岳做了一个假想，假设他的作品和同学的作品同时被导演看上，要进入比稿阶段，那么如果他的

对手身份是团员或党员,便表示有政治觉悟,在领导还没有审稿之前,他们对于其他同学的第一印象一定会比对他的印象更深。文学作品没有绝对的打分标准,很可能西岳会败在印象效应上。

后来,西岳的妈妈很惊喜地问我是怎么让西岳回到家就写了入团申请的。其实,有些问题如怎么合理运用资源等,孩子只是没有考虑到而已,如心平气和地跟他们说,他们有时比大人还要容易接受。

初三毕业,西岳几乎没有悬念的考进了他心仪的重点高中,并且成为学校的学生领袖。几年过去了,平时除了节日问候,有好久都没有见到西岳了。高三的时候,西岳突然独自约了我一次咨询时间,我问他,高考志愿填了吗?他说这次预约就是想听听我的建议,是考复旦大学还是应该考华东师范大学?我很诧异,他的理想学校不是上戏吗?西岳笑着告诉我,他爱上了心理学,决定要读心理学专业。他的理由是:上海的心理学专业最好的学校当然是华东师范大学,可是他自己更喜欢复旦大学,有一些犹豫不定,所以才约了我的咨询。

我开心的看到,一个阳光男孩变得更加自信而有主见,就算是当初的职业梦想有所改变,但是他已经学会了独立设定目标和目标管理的方法。我当时就跟他做了一个假设:如果华师大毕业,那他的同学很多都是从事教育和心理学工作的,毕业以后是他的同行;如果他去读复旦大学,大学里最强的可能是金融系和传媒系的同学,他们是压力最大的人群。同学们在大学四年里天天玩在一起,互相信任。我的话音还没完,西岳就大笑,他说他明白了,他要跟"客户"一起上大学,笑着就跑出我的工作室。过不多久,我收到了西岳的喜讯,他如愿考上复旦大学,一点都不意外。之后,他去美国的加州大学游学,又申请了日本的心理学硕士学习,并且暑期里还来我们的工作室实习。每天自信满满,生活充满阳光。

自从西岳走后,又来了许多像他一样的孩子们来到我的工作室。与孩子们一起工作,通过短短的十几个小时,就能帮助他们打开一扇

窗，让阳光照射进去，真的是我工作中最有成就感的，最滋养自己的美好时光。多年来，我经常会在节日里收到孩子们的祝福和礼物，也经常有孩子们邀约的下午茶和聚餐，跟他们在一起，感觉自己年轻而充满活力。我要感谢他们，给了我工作的动力和愉悦，我也期望他们都能够在自己的梦想之路上坚定地走下去。

下 篇　关于"我们"

女儿依依16岁那年独自一人提着三个超重的箱子出国,短短几年的留学生涯,她已然从一个稚嫩的、留着一头短发的小女孩长成了长发飘逸、水灵灵的大姑娘。经过几年的独自闯荡,女儿独立自信的性格更加鲜明,让我们非常明显地感受到,她的人生长卷已经在脚下铺陈开来。自从她踏上了留学之路以后,我们只有遥望她坚定的身影,给予诚挚的祝福。

随后的岁月,我们欣喜地看着女儿迅速成长,自己选择学校,选择喜爱的专业,从社区大学以优异的成绩顺利转到加州大学圣迭戈分校(简称UCSD),继续她热爱的心理学专业学习。在进入大学的第二年,随着对更远大的职业规划的预设,她改变硕士专业选择的方向,决定转读"特殊教育学"。为此,依依在UCSD继续攻读心理学专业的同时又辅修了教育学,并且利用暑期回国去新东方、爱贝英语等相关公司实习。利用更多的业余时间与我们团队的心理咨询师们一起学习交流;给准留学生们和他们的家长讲课,分享她自己的成长经历;同时接触更多的学生个案督导,积累经验;并在本科毕业的时候毅然选择了美国一家自闭症儿童训练机构实习(OPT),度过她一年的实习生涯。每一次的家庭会议,依依都会与我们沟通讨论她对于自己未来的设定和计划,但是所有的最终抉择都是由她自己独立完成的。在我们眼里看到了一个对自己的将来有着明确目标,温柔而坚定的女孩,我很庆幸与骄傲——这是我们的孩子。

都说父母之爱是世界上最伟大的爱,这是一份修炼"分离"的爱。就如女儿16岁那年我们送她到机场时跟她说的:"从今天起,你将自己决定自己所走的人生道路。因为你以后经历的每一件事情可能都已经超出了我们的认知范围,我们不可能给到你更多的指导。相反,许多关于国外的生活和知识是需要你来告诉我们了!"现在想来,或许正是那一天,女儿在心理上真正与我们"脱钩",成为一个独立自主,需要全方位照顾自己的女孩子,并在以后的日子里,确实也给我们的家庭注入了更多的全新理念与认知。

如期所愿,经过了一年的实习,2018年女儿以优异的成绩、丰富的实

践经验以及对于目标的精准规划和自信,同时收到了她提交申请的三所学校——亚利桑那州立大学、南加州大学和哥伦比亚大学的录取通知书。最终她决定于哥伦比亚大学教育学院攻读"特殊教育"硕士研究生,而且以全A的成绩顺利完成了她的硕士学习。

回望女儿十年的留学道路,我感慨万千,一个极为普通甚至于学业并不优秀,被女儿自黑为"学渣"的女孩,从14岁开始规划自己的人生,为了自己的梦想,奇迹般地考入重点中学,并选择16岁独自出国留学。在留学生涯中,坚定的遵循自己的选择一路向前。我坚信,藤校的学习只是她人生道路的开始,作为父母,留学之路只是我们给予她选择未来的工具,更美好与艰辛的路程依然在不远处等她。作为母亲,我并不担心女儿的未来,因为16岁甚至更早之前,她就已经具有自主管理未来的能力,而我更期待的是她对于未来无限的创想。

时隔这么多年,当我回顾我女儿的每一个成长阶段,以及我们家庭的亲子互动模式,随着孩子慢慢地长大,更真切的是感受到自己的成长。所以,如果我们的故事能够引发你们的共鸣,我由衷地感到高兴。

1. 呱呱坠地的小生命

那一年的春天，随着一声婴儿稚嫩的哭啼，一个可爱的小生命降临我家。这是一份意外的收获，孕育她完全在计划之外，肚子里有了孩子，会让女人产生特别的感受。年轻的生命顽强地抵御着妊娠反应，除了倍受家人的关爱，整天都在期待中度过。因为还年轻，根本没有想过用何种方式生产，而且那个时候，剖腹产也很少，就这样没心没肺地等着孩子的到来，那段日子是充满甜蜜的。

到了产期，生孩子预期的那种疼痛没有击倒过我的决心，记得那几日产房很清冷，我安静地躺着，等待阵痛来临。三天两夜过去了，还是没有什么动静，到了第三天早上，我毅然拒绝手术，坚持在催产针的作用下，自己把孩子生下来。整整8个小时，虽然很痛，但能够享受那个成为母亲的过程还是无比快乐的！以至于后来学习了心理学，了解了"感觉统合"理论，知道了母亲顺产的痛楚正是孩子很宝贵的一次学习机会，我非常庆幸当年顺产的决定。这也为依依的专注力打下了基础，成就了她协调的肌体能力，以至于手工、吉他、溜冰、滑板、篮球等一学就会。作为母亲，经历这样的痛楚，从此自信漫溢，也让我为自己的坚强好好得意了一把。

产后的日子，因为家庭条件限制，我只能自己带孩子。孩子还没有满月，就得自己起夜冲奶粉、换尿布，帮孩子洗澡。早春的水寒冷刺骨，不信邪的我坚强得有点执拗。

那段日子已经随女儿的成长渐渐远去，但是当时艰辛和喜悦交杂而来的感受至今仍然记忆犹新。当时只记得身心疲惫、感受委屈，经常催促我的眼泪止不住地往下落。那几个月流出的泪水超出了我从小到大的泪水总和，将我以往岁月里坚强的外壳打得湿透。我伴着女儿的哭声一起成长，所幸女儿很乖，也许是因为没有太多的大人来帮手，月子里缺少人抱的女儿倒显得非常的安静。或许这样规律而简单的生活，对于孩子来说反而更容易被接受，这让我确实省心不少。

没想到怀孕生育孩子的经历和感悟，在很多年后会被用在我的工作中。当

每一个"愁苦"的妈妈带着孩子来到我面前,我总会想起女人"十月怀胎,一朝分娩"的苦乐,这让我跟来访者都有着共同的话题,也许是对我工作的一种加持。我也深切地理解有着孕期或产后抑郁心态的年轻妈妈,以及恨铁不成钢之怒气冲冲或者心力交瘁的父母的内心,着实为我的工作打下了一定的基础。

 2. 每天起来笑一笑

依依长大了,我也回到了工作岗位,记得依依10个月的时候,我被派驻外地工作,为了照顾依依,她随我一起去了外地。那段时间,每天早上7点给小东西穿好衣服,洗漱完就把她送到托管家庭看着。一直到晚上5点下班以后去接依依,然后一起吃饭。依依从小就很乖、很安静,生活也很有规律,带她并不太难。有时候,依依很调皮,会躲起来让我寻找。那时的依依还不会走路,却是爬行好手,她似乎特别热衷于将身体紧贴着地面的感受,通常刚抱起身,一转眼她就出溜到地上,爬出几米以外。

每天夜里,把灰头土脸的依依从地上"捡"起来,丢到浴缸里洗干净,再哄她睡觉,只有等依依睡着了,我才能收拾脏乱的房间,洗衣服,安顿自己。半夜里,孩子要起夜喝奶和尿尿,我常常是闭着眼睛给依依冲奶粉,实在累的时候,听不见孩子的动静,经常会被依依尿湿的床给惊醒。但是不管多么辛苦,每天起床,我总是对依依说:"早上起来笑一笑!"这句话给依依留下了深刻的印象,至今一直鼓励着她乐观地对待生活。我每天也在女儿的微笑中醒来,犹如阳光直直地照射进我疲惫而快乐的心里来。还依稀记得每一天早上必经的那条小道,晨光将石板映红,脸颊上留着女儿的拥吻,小道上留下母女俩相依的身影。这样的日子是难忘的,也许正是有了"每天起来笑一笑"的鼓励,与晨道上拥吻的仪式,母女俩在幸福中靠得更近了。

如今留在依依身体里的这句话,造就了她阳光乐观的性格,对于任何发生的小事,她都可以从容面对。现在想来,可能就是那时候给她幼小的心灵种下的种子,以笑容面对每一天的人,人生怎么还会有悲戚呢?

在多年后的一次节目录制中,当我作为嘉宾被问到"女人生了孩子以后是应该回工作岗位还是在家带孩子"的时候,我的脑海里马上就出现了当年的影子。其实,不管产后是去工作还是在家带孩子,女性的心理都是需要做调整的。我在工作中经常遇到以家庭为主的女性,在孩子渐渐长大后迷失自己的案例,长期与社会脱节,会容易产生很多心理问题。所以,无论产后怎么选择,还是需要通过一些社交活动和学习,保持与社会的同步。

 3. 家里的小当家

记得依依2岁的那一年,我回到上海,全职在家带孩子。那年,依依已经会走路爱聊天了,而每天我们去的最多的地方莫过于乱哄哄的菜场。菜场本不该是孩子来的地方,因为没有人看管女儿,每天我只能带着依依来买菜。

去往菜场的路上,我让依依自己走。依依喜欢跳格子,经常要求我跟着她,沿着方格的路面,走她想出来的"桥",就这样一边游戏一边走路,沉浸在游戏中,很少要我抱她。

到了菜场,经常有积水,我总是会抱起依依买菜。依依爱吃鱼,或者根本是被我骗着爱吃鱼,通常晚餐无鱼不欢。每天一条鱼,都是依依指定的。如果小家伙指定的鱼太大,我一般不会选择悄悄让老板换掉,而是跟依依商量着换一条。蔬菜也是依依指定的,在依依幼小的心灵里,她成了活脱脱的买菜能手。从菜场回家的路上,依依有时候会耍赖要抱,按她的理论:她拿着菜,让妈妈抱,这样妈妈就抱得动了。

有时候做饭,我会抱着依依到炉边,让她用锅铲划拉几下,这样每天餐桌上的美味,尽是小家伙的功劳,这样的快乐让依依变得很自信。依依不挑食,什么都吃,这大概跟她亲自"参与"了买菜做饭的过程有一定关系,谁能拒绝自己的劳动成果呢?

依依爱玩、好动,睡觉有规律,吃饭自然就香,每天定量定时,也很小就学会了自己吃饭。在我们家,依依可不是什么孩子,任何事情,即使她做不了主,也要发表意见。当然,依依只有表决权却没有决定权,如果最终不

采纳她的方案来执行，我也会跟似懂非懂的小家伙做详尽的解释工作，而且，往往我们都会安排一些她决定了但又无法实现的小事来考验其对于失败的承受力。时间久了，依依也就习惯表决被否定，变得"没心没肺"的了。

现在有很多孩子存在着抗逆力差的问题，可能就是因为从小被顺从惯了，一切被包办代替，既没有决定权，更没有否定权；不知道怎样提出合理的请求和建议，也很少有看法被接纳和认可。所以，一旦遇到问题就不知道该怎么应对，变得无所适从。依依从小就参与决定很多事情，也经常被否决她的很多决定，从小这些事情对她来说已经顺理成章，这可能是她心理强大的原因吧。

4. 与钢琴结缘

当依依到了可以正常入学的年龄，我们为她选择了一所私立的音乐幼儿园，从全托制的小班开始读。这样，我就可以安心地去工作，依依也可以认真地学习去了。孩子全托到底好不好？这份挣扎一直在我心头挥之不去，不过还好，幼儿园的老师们都很有爱心，依依也没有因为全托跟我有了生分的感觉。而且因为是音乐幼儿园，依依进入学校没多久，全班的孩子们就开始学习电子琴。老师说，孩子们太小，学钢琴手指力量不够，要等到中班分班后才能学习钢琴或小提琴。我不知道学校是怎样灌输给孩子们音乐的理念的，但是那一年依依很明显喜欢上了音乐。汇报演出的时候，看着那么多小不点们煞有介事地弹奏，心里多少生出点欣慰来。

老师说，依依乐感很好，学校希望让她参加舞蹈班。不久，依依就成为舞蹈班的尖子学生，每次文艺演出，妥妥的主位，舞蹈跳得认认真真，表情专注，身体协调性好，非常专业。

其实，更多的梦想是家长怀有的，依依在那个似懂非懂的年龄里，也只是我们实现梦想的一个快乐"小机器"。家里在依依中班的时候为她添置了钢琴，这样就不耽误她周末回家时的练琴计划了。

依依好像不讨厌练琴，虽然每次总是不太情愿地被从游戏中骗到钢琴前，总还是能自觉地完成练习。看小家伙摇头晃脑的样子，我心里美滋滋的，仿佛是我自己在弹琴一样。

跟很多孩子一样，依依到了上小学，就开始不愿意再练琴了。作为有着音乐梦想而不能自我实现的母亲，内心非常想强迫孩子继续坚持，因为我认为，坚持是一种美德，怎么可以半途而废呢？就为这一个问题，家庭矛盾也一度升温，幸好那次"打仗"我没有打赢，当时看着家里的钢琴闲置下来心里很不是滋味。没想到很多年以后，依依在我们的一位音乐制作人朋友的引领下，又自觉地回到钢琴前，并且弹奏的音乐充满了情感，再也不是匠气十足地为考级而弹奏的样子。

现在想来，其实孩子小的时候被逼迫做什么，大概率是因为家长有内在的私心。多年后的一天，当依依的小伙伴们在我们家围着钢琴开"音乐会"的时候，当依依为这次聚会而特意练就的一首琴曲得到满堂喝彩的时刻，相信我们家的钢琴才真正被依依当作她生命中特别重要的伙伴。如今她偶尔也会弹钢琴，皆是因为她自己的爱好。现在想来，幼年时我们让她学钢琴，也只是一个启蒙而已，因为没有继续逼迫，钢琴才会在几年后被重新拾起。在我以往工作中，还真的见过一个视钢琴为毒物、视父母为仇人的孩子，我想大概是其父母逼得太狠的缘故吧。

5. 单亲家庭的孩子

依依的全托生活，为她奠定了一个很好的自立基础，从那时候开始，她很独立，善用自己的小脑袋思考问题。然而，也就在那之后不久，我与她爸爸的婚姻产生了危机。

因为性格的不同，我们在很多问题的做法上都有着巨大的分歧。没有孩子的时候，很多问题都可以在两人之间化解，而一旦有了孩子，家庭结构发生变化，这对于亲密关系是一个很大的考验。

当年我很年轻，有梦想，有能量。但是太过年轻，不知道梦想和现实之间是有着很长的一段路要走，也不知道如何让能量合理发挥。为了孩子，我

们分分合合,终于在依依上大班的时候,决定分手。

对于孩子,我心里无限内疚。因为当时正在创业,根本连自己的生活都无法安定,所以决定让依依跟着百般呵护她的爸爸,并约定了三年时间,我接回依依。

过不了多久,我搬出那个为我挡风遮雨的家,一个人独闯天涯。这对于我来讲,倒是并不可怕,而可怕的是,怎么呵护依依幼小的心灵。

这一点,要感谢依依的亲生父亲,我们在"怎样最大程度降低离异对女儿的影响"这个话题上保持了高度一致。事实上,在整个分手的过程中,对于财产分割、女儿抚养我们都有了良好的沟通。谢天谢地,那时候我们其实除了女儿,并没有什么可以分割的财产,而他在周详的考虑中还是给了我很大空间。

每隔一段时间的周末,我们会一起带上依依去玩上一天。见面的时候,最高兴的总是依依,可爱的孩子尚不知道父母的分离,她父亲小心翼翼地维护着妈妈出差的谎言。那段时间,我艰难地应付自己的工作和心情,他也辛苦地带着刚上小学的依依,除了孩子的事情,我们基本上小心回避着对方。

一段时间后,懂事的依依似乎慢慢感觉到了父母之间的异样,开始问一些"妈妈,你为什么不住在家里啊?""妈妈,你什么时候回来呢?"之类的问题。于是我们清晰地意识到,不可能再瞒着孩子了。

我明白地告诉了孩子,爸爸妈妈分开了,但这不是她的错,依依是个很听话、懂事的孩子,妈妈舍不得不跟依依在一起。现在妈妈在努力工作,希望依依能够早一天回到妈妈的身边。我承诺再过两年就接依依回到妈妈身边,当然我们也都会非常坚定地告诉依依:爸爸妈妈都爱着她。

从那一天起,我发觉依依长大了,虽然还是很高兴和我们一起出去玩,但分手的时候却再也不像以前那么虎头虎脑的跟我说再见。依依总是问我:"妈妈,两年到了么?你可以接我回家了么?"每次回想起这场景都让我很辛酸。

为了孩子,那一年,我异常拼命地工作,生活也异常漂泊不定,终于在依依上二年级的时候,我赚到了第一桶金,虽然不多,但让我高兴的是,终于可以提前接回依依了。

纵然知道依依在她父亲那边衣食无忧,她父亲视她为掌上明珠一般呵护着,也帮她养成了良好的学习习惯,但是从我们两个人的个性和心态来讲,他父亲依然希望依依能跟着我长大。母女之间的亲密,有时候是父亲不能替代的,而且随着依依长大,女孩子有很多事情母亲照顾起来更方便。她父亲的性格忧郁,做事谨慎,溺爱依依到极点,有时候连我这个做母亲的都看不过去。好在他非常了解自己的个性。感谢他为女儿做出的决定,也就在那一年,依依回到了我身边,在我心里充满了小鸟终于归巢的喜悦。

单亲家庭的经历,确实给依依造成了一些伤害。但是,因为我们双方在决定分手时,对于孩子所需要的足够关爱已经做了很多预设,以求尽量让缺失的家长随时"在场",而"在场"并不代表爸爸妈妈真实在家,有时候心理上的在场会更重要。比如,我们约定彼此不会在孩子面前说对方坏话,相反都会跟孩子多提到对方的好,天下夫妻本就没有深仇大恨,即使有过失也无需孩子来承担,带着仇恨生活是最痛苦的。这也需要夫妻之间有一颗宽容的心,以及对于孩子的爱心和责任感。

很幸运的是直到现在我与依依父亲,甚至于我们各自重组后的两个家庭也一直保持着良好的沟通,也从不计较在孩子的抚养费用上的多少,依依也对两家人都非常亲密,她从小就会很自豪地告诉别人,我有两个妈妈和两个爸爸,有很多爷爷奶奶和叔叔阿姨,每年过年红包都可以拿双份呢!由此可见,并不是所有单亲家庭的孩子在心理上都会出问题,而是我们大人在吵架分手时,需要冷静考虑怎样与孩子相处,把离异对于孩子的伤害降到最低。我在工作中遇到过一些家庭,大人们觉得背着孩子吵架或者隐瞒孩子什么,就是对孩子最小的伤害。其实不然,在我看来,让孩子有勇气面对,也是对孩子成长很好的一次历练,很多家庭虽然没有离异,但是孩子在亲密关系的冲突中受到的伤害程度也不低。

 6. 回到身边的小丫头

依依回来以后,我开始四处奔走,看房子,打算把父母也接来一起住,

照顾依依，也能让父母住得更好一些。

　　买房子要求很简单，除了楼层不能太高，社区要安全以外，社区里最好有个小学。如此的考虑，一方面是想减轻父母的负担，年老的父母可以不用接送孩子；另一方面，如果是在社区里的学校，那么依依可以跟同住小区的同学们一起玩耍了。

　　很快，我就在上海西区找到了合适的房子，简单装修后，终于在那一年新学期来临的时候，与依依和爸妈一起住进了新房。平生第一次有了自己的房产证，而最大的好处则是依依可以小业主的身份，进入还算不错的社区学校。

　　记得那一年的入学考试，是在依依二年级的暑假。拿错了卷子的依依，做对了三年级的题目，数学以92分的高分被老师认可，要不是语文考了不及格，让老师觉得奇怪的话，我还真不知道，原来依依是因为考了三年级的卷子，才落得语文不及格的成绩。老师和我都有点意外的惊喜，对于没有管过依依一天功课的我来说，惊喜她的学习如此扎实，这与她父亲在一年级对于孩子学习习惯的养成有着莫大的关系。

　　所以多年后，我一直告诉所有年轻的父母，孩子一、二年级的学习习惯养成非常重要，包括在孩子还未入学时，孩子游戏的习惯就应该按照学习的习惯去引导。这样，当孩子一年级入学，就可以顺理成章的按照已经养成的习惯转成学习状态。孩子的成长是有连贯性的，如果有着这样的教育理念，在孩子成长的每一个年龄阶段，便都可以用承上启下的连贯式的教育方式，这样就可以事半功倍了。

7. 新环境的考验

　　当依依到了新的环境，正如很多转学的学生一样，就开始有些不适应，而爸爸妈妈也需要调整他们的节奏。

　　那一段时间，依依郁郁寡欢，我最担心的事情还是发生了。

　　依依的父亲无可厚非是一个很负责任的好父亲，但是在孩子的教育中对

于女儿的过度保护，使得孩子性格离群孤立。加上我们的离异，让孩子多少有些不安全感。在依依的身上，我看到了一丝忧郁，单亲家庭的模式还是在孩子身上留下了烙印。生活中，外公外婆无微不至的照料依依，但是在学校里，依依却没有那么顺利。

孩子们都还小，对于新转来的学生，一般都不会主动去接受，而依依在她爸爸的过度保护下，根本不懂得怎样跟同学们相处。渐渐地，依依变得不太愿意说话，有时候会偷偷的哭。

我很着急，不知道该怎么办，那段时间我工作也忙，生活的压力很大。惶惶恐恐的过了很久，依依的生日就快到了，我想，可能这是一个机会吧，如果能帮依依找一些朋友，她也许会开朗一些。

记得那天放学，我跟女儿聊起了学校的同学们，我建议她今年的生日可以请一些同学们来家里玩，依依很高兴又很担忧，但最后还是同意试一下。我们开始讨论请客的程序，做请柬、发请柬、写菜单，准备一些游戏，包括孩子们最喜欢玩的涂奶油环节等。外婆参与买菜和准备，一向严肃的外公也保证好好接待孩子们。这个生日是一次全家的总动员，感谢我的父母给了依依和我最大的宽容和支持。

那几天，依依是快乐的；那几天，依依也惴惴不安，每天都要问我：妈妈，同学们会来么？很快，依依告诉我有五个小朋友说一定来，也许是住在同一个小区里，孩子们的家长都爽快地答应了。那几天，我跟女儿一样，在期盼中度过。

那年的生日，或许对于依依来讲，可能并不是最快乐的一次，但是，在她整个人生中，应该是最重要的一次了。

孩子们玩得很开心，从此以后，依依多了几位好朋友，有时候，她会把同学请到自己家里做作业、吃饭、一起玩。父母知道依依需要朋友，也积极配合，于是依依渐渐开朗起来。

依依知道要以诚待人，对好朋友也是掏心掏肺的好。有时候，会跟我聊聊她的同学们，我总是站在她的立场去认同。因为孩子有她自己的选择，只要原则上没有偏差，我愿意任由自己听从依依对朋友的感受，而并不在意对方是否是家长认为的"好孩子"。有时候，依依会跟朋友吵架，当她向我哭诉

的时候,我只是表示同情而不去辨别好坏。通常情况下,我不会帮依依说话,也不会告诉依依说是同学不好。有时候,我会推卸责任,我告诉女儿,因为我不知道他们之间究竟发生了什么,一切事情都需要她自己冷静地去处理。通常几天以后,事情就会过去,这让我看到了孩子们在处理人际关系上的潜力。

事实上,孩子有能力处理他们的事情,即使在我们看来只是鸡毛蒜皮的小事。但是每次冲突缓解以后,家长可以试着听一听孩子是怎么"摆平"事情的。这对于每一个孩子来说,都是很重要的一次成长。他们通过家长的肯定,慢慢建立起自信,慢慢学会如何处置突发事件,也慢慢从战胜他人变成战胜自己。

就这样看着一天一天活泼开朗起来的依依,我心里充满了喜悦,依依的情绪感染着我,也感染着我的父母,全家都为她骄傲。就在那一年,有着男孩子个性的依依遇到了她生命里很重要的大男孩。

8. 女儿生命中的第二个男人

那一年,有一个充满孩子气的男人走进了我的生活。对于他来说,第一次见依依是一个巨大的挑战。作为一名专业摄影师,他爱玩,喜欢音乐,喜欢交朋友,喜欢机车和户外探险,也崇尚散养式的教育方法,这一点倒是与我不谋而合。

第一次见面,依依很害羞,不让他牵着手,总躲到我身后。我们一起去吃牛排,依依也总是低着头,不说话。这一次见面多少有些尴尬,我很担心依依是否能真正接受他,或许对于孩子来说,这将是一个不小的考验。作为我们生活中一个重要的男性,他也需要同时接受两个女人,这不是很容易做到的。

第一次见面以后,依依没有太多表示,此后的时间里,我故意安排他们多一点时间的相处。时间长了,依依也开始慢慢喜欢这个像朋友一样的大男孩,有时会跟他一起嬉闹,还给他起了个奇怪的称呼叫作"木木叔"。

木木叔鼓励依依学习更多的技能,依依的第一双溜冰鞋、第一辆自行车、第一块滑板,都是他送的。学会了溜冰、自行车和滑板,依依的娱乐项

目就更多了。

我有了男朋友，再加上工作忙碌，经常三更半夜回家，为了不打扰父母和依依休息，这一年我在小区里租下了一套小房子。这样，既不打扰他们，也还是可以天天跟依依在一起；而我和依依的出游，也多了一个她喜欢的木木叔的加入。

如今，木木叔已然成了依依的老爹，算起来，他与依依相处的时间远远超出了她与亲生父亲相处的时间。而且对于依依来说，她也更喜欢与老爹的相处模式，这一点她父亲有时也会吃醋。但是，对于自己的亲生父亲，依依还是有着应有的尊敬和孝顺，这是我对她最基本的要求。依依的孝顺深入骨髓，这一点我是不用担心的。

一个家庭总有着千丝万缕的人际关系要处理，尤其是我们这样的重组家庭。我的心得是：不要把怨恨带入家庭关系中，放下以往的恩恩怨怨，以善良为底色，接纳所存在于关系中的冲突，这也是为孩子学习沟通交流提供一个范本。依依在这样的环境下成长为一个有包容心，能独立思考，与人为善，让大人们都喜欢的孩子，不得不说是得益于复杂的家庭关系中的历练。

9. 跨过攀比的泥潭

依依当年所在的学校是一个不错的私立小学，学校的硬件水平相当高，而学费是公立学校的十几倍，入学的学生家庭经济条件应该都还不错。因为在读的学生里，大部分都是我们小区和附近一些社区的孩子们，放学以后都是孩子们自己走回家，或爷爷奶奶等步行来接，学校门口通常很少有私家车停泊，刚开始的时候，还没有发觉孩子们有攀比的现象。

但就在开学后的一次家长会上，我看到了问题的端倪。依依的教室在二楼，进门就能够看到教室里有两个大空调，这比起我小时候的学习条件好太多了。空调机旁的墙面上布置出的一个"学习乐园"里面张贴了一些由老师选出来的优秀作文，趁时间尚早，我仔细地阅读每一篇作文，有这样一篇作文给我留下深刻的印象。作文是依依的同学写的："当天，这200元钱就被用

完了，而爸爸妈妈需要第二天才回来，这个孩子就一直饿着到第二天的晚上，一直等到父母回来，才感受到家的温暖。"

家长会上，老师在讲台上对家长讲了很多，我却心不在焉的一直在想那篇"优秀"的作文，一个不到10岁的孩子，父母给了200元一天的生活费，居然孩子一天就用完了。虽然因此，孩子"懂得"了家庭的温暖，可是，这样的花费也太离谱了吧？

我把我看到作文后的感受告诉依依，并跟依依一起做了一道算术题：假如，妈妈是个一般的白领，以当年的普遍收入来算差不多每月3 000元左右，如果按照平均每天折算差不多是100元，这100元里扣除房屋贷款、水电煤、买菜等必需的生活费用，所剩无几，而她的同学竟然在一天里花了相当于一个白领的两天的工资，而且为此还饿了三顿……依依很聪明，很快就了解我的意思。

我问依依，你们同学的零花钱大概有多少？依依告诉我很多同学每个月都有好几百元，这让我大吃一惊。依依说她们同学买一张几百元的游戏卡就跟玩儿一样，学校对面的小店，天天人满为患。我花了几天时间去做了一个调查，学校几平方米的小店里，不完全都是零零碎碎的小文具，而他们卖得最好的，恰恰是那些很贵的电子产品。看来，依依没有说谎，我注意了一下依依的同学们，无论穿着打扮、吃的、用的不乏连我们都不敢乱买的奢侈品。像我这样每月只给她20元的，在班里几乎就是"困难户"。

我很欣慰，不管依依因为什么原因不跟我们索要更多的零花钱，最起码，小家伙过了互相攀比这一关。也正是因为这样，依依从小就学会了记账，她珍惜身边的每分钱，成了不折不扣的"小财迷"。其实在很多年以后，也正是凭着这一种技能，依依在自己留学的过程中为我们省了很多钱。有着"财迷"气质的小丫头，自小就学会了规划，不管是金钱还是人生，这个技能为她成为自己的"人生精算师"增添了浓重的一笔。

 10. 孩子的领地意识

依依"吝啬"的作派，全家都感觉到了，看似是我教出来的，也怨不

得别人。我有些担心，一个女孩，如果在金钱上很计较，那么可能在其他事情上也不会大气。这种性格一旦形成，将来肯定会影响她的人际关系。没办法，只能多带着她出去跟朋友吃或玩。好在，我自己在抢买单这一点上，一直是很主动的，依依会问我："干嘛你们大人买单的时候要像打架一样争来争去啊？"这时候就可以因势利导，希望言传身教会更有用。

果不其然，依依虽然对自己的钱看得很牢，但是对于同学间该有的金钱往来倒并没有我原来为之担心的那么严重。她习惯不借给同学钱，也不向同学借钱，大家出去玩的时候，也不占别人便宜。这一点，依依从小就很有界限。依依的父亲学的是理科，她从父亲那里学了不少理财的知识，在管理财务这方面，依依做得比我好得多，并且在对自己的财产处置过程中，也学会了谈判技巧，并没有越轨之举。从那以后，我也开始默认了依依的理财方式，后来依依只身去了国外，倒是省去了理财学习这一课。

在依依快上初中的时候，因为要换学校，我们也从原来的社区搬迁到一个新的地方。在相邻的小区买了两套房，给我父母一套，他们年纪大了；依依也大了，需要有自己的生活。对于一个懒妈妈，我依然奉行不接送孩子上学为选校标准的原则，依依也就在新小区附近的一所新建的初中开始了学习。在为孩子择校的事情上我倒是从来没有纠结过，我始终认为孩子的学习是她自己的事情，学校的好坏并不能决定她的将来，尤其是中小学。随着新家的到来，依依跟我们朝夕相处，也需要制定新的规则了。

开了家庭会议，依依提出她的房间归她自己私有，任何人进门都得取得她的同意，并且任何人不许动依依的东西。她有权给柜子上锁，大人不得随意翻阅她的抽屉和书籍等。相应的，我们也顺势提出了我们的要求。首先，按照依依自己定下的任何人不得进入她房间的规则，也就意味着，依依必须自己打扫房间，这样我们很省力，家里少了一间房间要整理，家务活少了不少。而且，既然有了自己的专属领地，那么，依依的私人物品不许出现在她的领地以外的地方，否则将被粗暴地扔进她房间，后果自己负责。其次，每天依依必须自己叫醒自己，然后吃早饭上学，而且必须轻手轻脚，不得妨碍我们睡觉。只不过，我们商议后，不同意依依在高中以前，拥有自己的电脑，如果需要用电脑，必须经大人同意，并约定上网时间去客厅使用家里的公用电脑。

这样,有了领地,同时也有责任和制约,以及与孩子共同商定的规则,就是我们与孩子之间的契约,大家都需要有契约精神。所以,在我们家,大家都按照约定的规矩办事,很公平,依依从小也就养成了这样的习惯;即便是在她的"叛逆期",也没有太多的叛逆行为,只是那段时间不太理我们,也不再愿意成为我们的"小尾巴",她自己跟一堆朋友玩,但是很遵守家里定下的规则。

11. 启动学习动力

总体上讲,依依是个阳光的女孩,有点男孩子性格,大大咧咧,不拘小节,但学习并不上心。平时的学习,不太认真。仅凭着一点小聪明,虽然还不至于落后,但也从来不拔尖。这一点,是我的疏忽,但是,主观上我并不希望依依在学习上有很大的压力,任凭着她把大把时间花在学习以外的兴趣爱好上。我希望依依是个平衡发展的女孩,做她喜欢做的,快乐就好。因此,记忆中我很少问过依依,她长大想干什么?有一天我很随意地问依依:"很快要上高中了,你将来想做什么职业想好了吗?"我以为依依会回答:"我也不知道理想是什么,边学边看吧。"但依依居然很认真地告诉我:"我想跟你一样,学心理学,做个心理医生!"我感到很惊讶,依依突然问我:"妈妈,你说心理学的鼻祖应该是弗洛伊德还是冯特?"这让我着实吃惊不小,对于一个初中的孩子来说,或许知道弗洛伊德并不为奇,而"冯特"却是很生僻的一个名字,初中的孩子从何而知?我忙问她怎么知道冯特的?依依煞有介事地说:"因为第一个心理学实验室是'冯特实验室',没有实践,哪来真理啊?"震惊之余,我突然发现女儿对于学习心理学的想法并不是冲动得来的,虽然那段时间我专注于自己的心理学学习,也从没有跟女儿探讨过有关心理学的任何知识,小家伙却背着我翻看我的专业书,而且偷偷去了我的工作室很多次,原来她早已经有了自己明确的目标。

我猜想,依依的这个目标是在看到我的工作状态下,潜移默化地形成的,对于这一点,我感到意外又好像在情理之中。因为知道了依依的理想是

"心理学",我打算等待机会好好跟她谈谈她的理想。

有一天,我们在做饭,依依在一边帮忙。闲聊中,依依问我:"妈,你说要学习心理学的话,去哪个学校比较好啊?"我随口回答:"在中国学啥心理学?想学心理学去'哈佛'啊!""哈佛?在哪里?""美国,自己去网上查!""哦!"依依没有再问,径直去了客厅,我有些忐忑,让老爹跟去看看,老爹回来做了个鬼脸说:"好像在查美国的哈佛大学呢!"

我们相视一笑,看来有戏。

果然到了晚上,依依问我:"妈,我想去念哈佛大学,如果是这样,我应该怎么做?"看来,可以进入正题了。

"首先,我们先不说你能否考进哈佛大学,念哈佛当然要去美国了。这里有两条路可走,其一是好好读书,等大学毕业,考出托福,然后申请哈佛奖学金,去哈佛读研!很多人都是这样出去留学的,比较靠谱,等你成熟一些了,自己可以选择去还是不去!其二,出国读高中,早点适应美国的环境,直接在美国申请考哈佛!这就有些冒险,首先太小出国你要具备相应的生存、抗压能力,其次是高中学习会很紧张,考不考得上是个问题,我不知道你怎么打算?""如果我想早一点出去呢?"我就把我知道的信息转告给了依依。听说可以通过学校国际交换项目,安全地去留学,依依很是兴奋,当下决定要走这条路。

既然职业目标有了,途经也有了,接下来就要规划达成目标的方法了。我在一张纸上给依依画出了目标、途经、分级目标、方法等,摆在依依面前的道路就一览无余了。依依必须通过努力学习、考入有国际交流与合作项目的高中,顺利取得出国机会、出国读完高中、努力考上"哈佛"、平稳毕业等几个阶梯的递进,才能实现她的职业目标。那么眼下第一个目标出现了,我们一起查阅了当年有国际交流项目的高中,都是上海市重点学校,而对于成绩平平的依依来说,这就是第一重考验。

第二天,依依神神秘秘的出去了很久,从图书馆带回很多辅导书回来。看起来,这个急性子,是要动真格的了。虽然不免有点"临时抱佛脚"的嫌疑,但我们还是为她高兴。依依向来是一个有个性和想法的女孩子,如果能保持做事认真,持之以恒的态度,那么前途光明是有基础的。

经过那段时间跟依依的"博弈",让我深切感受到了,职业梦想对于一个孩子会有如此大的触动,这也是依依给我上的第一课。在以后的工作中,我能总结出一整套启动孩子学习动力的工作方法,很多思路来源于我与女儿的这次交流,让我看到了蕴藏在孩子体内的无限力量和宝藏,我坚信所有孩子都有这样的力量。这也在我随后多年的工作中不断地被验证。

12. 学习需要规划

那是我多年来第一次看到依依那么认真地对待学习,真是又好气又好笑。过不了多久,依依开始吵着要找家教,每一门她认为落后的科目,都急着要我帮她找老师补习,初三的补课,几乎都是依依主动提出的,我乐得做一个清闲的初三学生的家长。

依依开始扎入一大堆课本里去,连她最喜欢的跆拳道、溜冰鞋和吉他都完完全全地放下了。她知道自己与重点中学之间的距离需要花功夫去填补,于是想方设法地寻找各种重点学校的卷子来做。周末,依依很少出门,总是把自己关在房里做功课。我们从担心她的成绩,变成担心她是否会压力过大,一再嘱咐她出去玩玩。见她"恶补",我有点后悔,如果能早一点给依依做计划,也许她有更多的时间去备考,也许不至于那么辛苦。

依依把她每一次考试的成绩写下来贴在墙上,而纸张的右上角就是她目标的那所市重点高中去年的录取分数线,她在那个数字后用红笔写了一个大大的"+10",她说这是保底分,然后每次考试后再把她的每科成绩后面用蓝色笔加了分数,她说这是她努力一下可以达到的成绩。有时她还经常去修改分数,美其名曰语文能多考几分,那么数学就可以松懈一下,少考几分。看着她在成绩上也斤斤计较的"财迷"样,确实令人发笑。

功夫不负有心人,依依终于如愿以偿地收到了这所市重点高中的录取通知书,给了不看好她的初中老师们一个大大的惊喜。

但是初三毕业的那个暑假,依依没有心情玩。虽然离她的梦想尚远,但是对她而言也必须有所准备。我们发现依依开始悄悄地整理一些东西,并

且，突然间变得非常"黏人"，喜欢跟我们一起出去或者跟我们一起待在家里。

她开始关注一切关于留学的信息，我们有不少朋友都留过学，只要他们来家里玩，依依通常都不出去。朋友们知道依依计划高二要留学，便会跟她讲一些关于留学生的故事，依依听得很认真，并且开始有计划地安排自己的兴趣爱好。

那个暑假，我们都没有闲着，除了安排依依去新学校的入学事项，便是着手为依依做留学所需要的准备工作。离依依留学还有两年时间，如果可以通过学校出去，手续上无需太多的准备，我们认为，最重要的是依依心理上的准备。她将独自面对学习和生活，需要良好的心态，良好的学习习惯，独立的个性和独立面对困难的能力。除此之外，生活自理是最根本的能力，对于依依来讲，需要准备的有很多很多。

13. 为独立而战

依依进了市重点高中，学习自然要紧张一些，学校离家很远，依依希望可以住校，我们当然也就尊重孩子的意愿。毕竟，住读能够让依依省去来回路上的时间和精力，也可以锻炼她独立生活的能力。

对于住校，依依并不陌生。从办理手续到购置生活用品，基本都是依依自己完成的，我们陪着她忙碌的这段时间，看到了她的成长和成熟。

从回到我身边依依读小学开始，也只有那整个一年时间，每个周末需要接送依依，成了我们生活中最重要的事情。依依总是希望我和老爹一起去接她，一路上三个人嘻嘻哈哈，快乐的车厢里充满了家庭的温暖。

那一年，依依的每一个周末都被她自己安排得满满的，练跆拳道、学习舞蹈、学习英语、做功课、上网、看书、弹琴、写歌，还要轮流着去外婆家、她爸爸家、阿姨家吃饭，有时还会跟老同学们一起出去逛街买衣服等，忙得不亦乐乎。

那一段时间，依依经常请同学们回来吃饭，她会自己去买菜，然后跟几个同学嘻嘻哈哈的在厨房做饭。有时候边做还边学着电视厨艺节目的样式用手机

录像、解说。每一次，她总是恭恭敬敬地把做好的饭菜端来让我们"品尝鉴定"。我知道，依依已经在学习做饭了，尽管几年前她就会做一些简单的食物了。

依依做饭很有天分，不需要我手把手的教，有时候她会站在我身边看我炒菜，自然就学会了。我经常鼓励依依跟我一起买菜、做饭、做家务，学会照顾自己是独立生活的最基本的需要。如此，我就不用担心依依的生存能力，而转向她心理方面的建设。

依依自然明白其中道理，很配合很积极地做着模拟独立生活的准备。在她幼小的心里，有着一份可贵的坚持不懈，似乎所有的潜能都在那一年超常发挥出来，这是我始料未及的。

我们综合了一下依依各方面的能力：对于生活自理的能力，全家人都很放心；而独自在国外生活，不仅需要生活技能，还需要沟通能力和良好的心理素质。依依是乐观的，在同学中，她是一个受欢迎的"精神领袖"，只要语言过关，处理人际关系方面，我也不用太担心。依依具有一定的抗挫能力，一般小的挫折不太容易让她趴下的。喜欢热闹的依依有时也很安静，很享受自己独处的时间。在国外，能够甘于寂寞，学会和自己相处是很重要的技能。很多留学生，因为不能适应寂寞的生活而觉得生活无趣，就容易产生心理压力或者误入歧途。所以，我不用担心依依是否能安排好自己的空闲时间，她有太多的兴趣爱好，生活应该会丰富多彩。

作为家长，我最担心的是依依遇到很大的困境甚至于危险的时候，能否具有处理突发事情的能力。

一直以来，我希望依依能够明白：无论现在还是将来，不管她遇到任何问题，家的大门完全对她敞开，父母永远站在保护和支持她的立场。我希望，无论发生任何事情，我们是第一知情人，如果真能做到这一点，孩子即使在遥远的千里之外，也会是安全的。

依依通过学习跆拳道，掌握了一些基本防卫的技巧；从小经常跟我们出去野营，也学到了不少野外生存和躲避自然危险以及自救的知识；平时从电视和新闻上看到的各种案件，我们也会经常有意地跟依依分享；对于我能想到的危害和困难，依依似乎都已经具备了独立处理的能力。此刻最让我担心的却是情感上的问题，这是每一个少女都不可避免的现实问题。尤其是独自

在海外留学，情感问题是随时会遇到的。

关于孩子的性教育，很多家长谈性色变，觉得无法跟孩子启齿。这个问题，也一直困扰着我。依依小的时候，我就很难启齿跟她谈论类似的话题，但是当孩子要独自远行的时候，我却意识到，这是一个特别重要的话题，也后悔依依的性启蒙教育不是我给她做的。看来，是时候有必要跟依依聊一聊关于爱情的话题。

 14. 留学前的恋爱课程

从决定留学开始，依依几乎把所有的时间都围绕着留学这个目标转开了。她开始认认真真地看起英语小说、听英语广播学习英语；去网上查了很多关于留学的信息；又忙着去学习舞蹈、作曲、篆刻、电脑软件维护等，但凡她能想到的以后留学可能需要用到的技能，她都要学一下，技多不压身。按她的想法，学习越多的本领，也能越快速地融入陌生的世界，看着她像海绵吸水一样地努力地为着自己的梦想而忙碌着，我们都为她高兴。

依依的许多好朋友都已经出落成一个个大姑娘了，我发现，在依依的同学里，还真的有早恋的。于是有一次我毫不隐讳地问依依："你为什么没有恋爱呢？"依依见我问得很认真，也就很直率的告诉我说，她觉得她的男同学们都太幼稚了，她不太喜欢。在了解了依依对于恋爱的看法以后，我给依依讲了一个故事，是关于一个初二年级的女生，因为偷尝禁果而怀孕后，全班的同学们为了"保护"这位女同学，自发组织了一个后援团，有的通过家人帮助联系医院手术，有的帮着筹集手术费用，有的帮助女孩熬汤滋补等，分工明确，并且成功地瞒过了学校和家长。

这个故事曾是我们课堂上的一个个案讨论题，这个个案引发了我们全班激烈的讨论，给我印象深刻，所以，我决定拿来与依依分享。

我们分析了个案发展中的种种可能，如果按照常规的处理方法，女孩有可能面临：被学校开除或记过，被家长责骂或体罚，被同学们取笑造成很大的心理阴影，甚至可能影响女孩的一生或危及生命。依依觉得这一班同学很

了不起,很有效地阻止了可能发生的更大的伤害。

对于依依理智的分析我表示赞同,并且因势利导地给依依上了一堂生动的恋爱讲座。也通过我的态度表达,让依依知道恋爱是一个人正常的需求,过早的恋爱会影响学习,如果一旦恋爱,就需要学会保护自己,将不必要的伤害降到最低。最重要的是,我得到了我最想要的结果:不管发生什么,我将是第一知情人。我们母女的心走得更近了。

这一下,我们可以安心地放依依独自远行了,看着每天忙碌且充满期待的乐观女孩,畅想着我们家会出一个"哈佛女孩",真是梦里也会让我笑醒。我想,这大概是所有父母内心的期待吧,孩子的成就能够大过自己,是多么让人自豪和兴奋的事情,但是如果这样的兴奋状态一直缠绕心头,会不会终有一天成为心结呢?

 ## 15. 艰难决定

虽然依依已经在高一的时候,将学习中心调整到英语上,但原本高二才读的英语加强班还没开始,故依依就决定提早留学,这个决定让我们措手不及,她的英语是否能通过令人担忧。但是依依从小倔强,认定的路一定要走到底,而且她的考虑也有道理:同学和老师都在为高考作准备,她不参加高考,花费同样的精力没有必要,也影响同学们的学习进度,不如多花一年去国外早日适应学习。我们也觉得如果孩子有强烈的愿望,不妨让她试一下,即使碰壁,也是人生中的体验。所以全家总动员,同依依一起紧锣密鼓地做准备。

当年依依的入学面试,我因为在广州出差没有陪同,但传回来的消息不太好,她的笔试成绩差2分,然而面试老师对依依的印象很不错。老师们跟依依聊过以后,觉得她的目标明确,不需要去做交换生,可以尝试直接申请留学,而且通过留学出国也免除了一年后再由交换生转成留学生的麻烦,考上好学校的机会要更多。老师因为得知依依是为了上哈佛完成学习心理学的梦想出去的原因以后,便力劝依依还是自费留学比较好。记得当时我在电话

里听着依依对于现状的讲述,语气里带着坚定和自信,而面试她的老师稍后也在电话里跟我分析了一下情况,我也觉这样的决定对于依依来说是更好的。

提前一年开启留学的事情,对于一个家庭来说,需要准备的最大部分就是资金的准备。虽然我们也有预先的打算,但猝不及防的计划提前,还是让我们慌乱一阵的。因为家里本来并没有为她预留留学的费用,但为了孩子的梦想,我们也需要做一些让步,经过家庭会议讨论,我们准备把在那之前购买的一处房产变卖掉。那套小房子我们本来是打算给依依将来做嫁妆的,当年正用作我的办公室。当时按家里的经济状况,也只有卖掉这套房子,才能支持依依的留学计划。整个卖房的过程,每一次谈判,依依都很认真的陪同。有时候,我们也会让她担任主谈,由她去与对方谈判,对于一个十几岁的孩子来说,虽然任务艰巨,但每一分钱都是为她的留学生涯提供经济支撑的,这就需要全力以赴了。无论如何,留学都是一次重大决定,从决定留学开始,依依始终与我们一起面对各种抉择,也早早地学会了自己做决定。

人生道路上,很多人面对每一次的抉择都会彷徨失措,而做决定是一个需要无数次尝试和总结经验的过程。很多孩子从小到大都不具备这样的机会,由于父母过于包办代替,让孩子一次一次地错过锻炼的机会,丧失决定的能力,并失去自信。所以,尊重孩子就要从尊重孩子的决定开始,家长对于孩子的信任是孩子建立自信的基础。

 16. 展翅起飞

依依16岁那年,经过漫长的准备工作,总算独自坐上了赴美的飞机,准备出发了。依依在路上辗转飞行的25个小时,大概是我一生中最漫长的等待。虽然转机间隙,依依也会发来简单的文字报平安,但是真的到了放手的那一刻,一个母亲的心情还是会有无尽的牵挂的。好在女儿一切平安,她刚到学校那些天,有各种忙碌——买书、考试、买校服、买生活用品,而常常出现在她网上日记里的就是:"贵屎(死)啦!"这个小财迷还是那么抠门,抠门得都让人心疼。我鼓励她开了微博坚持写日记，正好也能从文字里感受她的心情。依依的字里行间都透着新奇和快乐，这是让我放心的。而且，当头几天的调整期过去后，我们便开始天天视频，这样的见面频率比依依在上海住校读高中的时候还要频繁，镜头里的依依似乎有说不完的话和不同寻常的亲昵。依依的英文基础不是太扎实，所以给学习带来一些困难，但是，老师们都相当宽容，让她有足够的时间适应学习，加上在中国的基础教育扎实，很快依依的成绩都名列前茅。

依依的高中是在亚利桑那州的一所教会学校读的，整个学校只有两名中国学生，对于依依的英语学习倒是特别有帮助。学校有各种各样的活动，居然还有"高中生逃课日"，这一天所有的高中生都可以"逃课"不去上学，几乎每个星期都听到依依说学校有party，最让她高兴的是：只要学校有party的这天，都会有免费的午餐，这对于小财迷来讲是多大的优惠啊！

依依参加了学校的cross-country running team，那是一种全地形的越野跑，每天要跑3公里，而且是爬坡、过泥地，反正不走寻常大道就是了。没多久，依依就被晒成了小黑皮，看着健康活泼的女儿，我就纳闷：人们常说的留学生不都应该是孤独、想家，不能适应国外生活的吗？难道依依有啥法宝能过得成天乐呵呵的？

高中两年依依几乎每天都像只快乐的小鸟一样出现在视频上，每天都保持记账的习惯，处处省着花钱。美国的所有娱乐场所是禁止未满18岁的孩子进入的，所以，比起在上海依依"丰富"的业余生活，美国的生活要单调得多，我们已经交了学费和住宿餐饮费，依依除了在学校午餐需要花钱，其他的也就是买点生活用品。记得当年我们给她准备了每个月300美元的零花钱，应该足够她用了，结果这一年的零花钱硬是让依依自己省着用了两年。

随着依依对于美国教育的深入体验，终于有一天，她很郑重的告诉我们，她的下一个理想目标已由哈佛大学改成了斯坦福大学。其实对于我们来说，无论是哈佛还是斯坦福，都只是一个模糊的概念，虽然刚开始听到依依这么说的时候，心里还稍有一些些失望，仿佛家里的哈佛女孩一下子被除名了一样，但是依依在视频那头温柔而坚定的神情倒是让我吃惊不小。随后的几年，每年我们都会利用假期，去美国看望依依。从第一年她跟随我们开车

游历加州，到第二年她开始主导我们的行程，一直到后来她开车来机场接我们，开着房车一家人去美国的各州旅行，都验证着女儿迅速的成长。

 ## 17. 社区学校的困惑

美国高中最后一年，为了能顺利地进入自己心仪的学校，依依毅然决定先考美国的社区大学，这个消息着实吓了我们一跳。作为家长，我们当时并不清楚美国的升学制度，印象中"社区大学"应该就是相当于中国的大专吧？送孩子出国留学的家长都会对孩子所上的学校有个期待，如果读了两年美国高中，最后进入的是"大专"，那种失落感还是挺强烈的。我们不了解情况，也担心依依的草率决定会影响她的前途，所以多方打听。原来，在美国有很多留学生选择先去社区大学定向学习两年，两年后转入理想大学，尤其对于高中直接考试升学没有十足把握的留学生，这可谓是一条"曲线救国"的道路。依依虽然去读了两年高中，但是因为出国前她的英语并不好，而且美国高中的最后一年开学，就要开始择校。依依等于用一年的成绩，跟其他完整念完美国高中，有着三年成绩积累的同学一起申学，会直接影响到她的入学概率。虽然她很努力，但对于自己能够考上好的学校还是没有十足把握，经过深思熟虑后才决定先考社区大学。当然，她非常清楚这并不是一条捷径，因为通过社区大学转学，需要入学选课时有将来转学的清晰目标，以及很好的成绩。这个选择是用时间换空间，而这两年的学习一定不轻松。

得知依依是做了全面了解和综合考虑才选择了这条求学之路，我们松了一口气，也很欣慰她对于自己的前途有着非常的自信和坚定的信念。事实证明，通过社区大学转学这条路，依依的选择是明智的。

 ## 18. 责任大于天

两年社区大学，依依几乎以全A的成绩开挂了她从小以来学习的最高纪

录,拿到了心理学专业60分转学的满分。第三年,依依又通知我们,她希望继续留在社区大学再修20学分,因为与名校同样的专业课程相比,在社区大学修学的费用要低得多。根据以往的经验,我们对于女儿的这次选择深信不疑,而且非常感谢女儿能够为了我们考虑,减轻家庭经济负担。在此期间,她的弟弟也来到美国读高中。

弟弟是我挚友的孩子,依依在出国前,他妈妈曾经为了依依奔波忙碌,可以说也是直接把依依送出国的阿姨,她给予我们全家的帮助是极大的。可是,现如今很多孩子,基本都不爱管别人家的闲事。依依当时自己学习也十分紧张,再要管一个刚到美国留学的孩子,是有压力的,我们非常担心依依会提出不管弟弟。我们是一个民主家庭,一旦依依拒绝,我们也不想强迫她做自己不愿意的事情。

可没想到我们提出以后,依依竟然一口答应,没有片刻犹豫。当我很坦诚的问她为什么没有顾虑时,依依笑了,她告诉我,弟弟的妈妈帮了我们家很多,是我们家的恩人,人就要知恩图报,何况我们两家的关系已经亲如一家,那弟弟就是自己的亲弟弟,没有不管的道理。这还真的让我们很感动,依依考虑问题的全面性和社会性,已经让我们不能当她是孩子看待了。果不其然,与弟弟在一起的日子,虽然他们上学时间不同,但依依仍然每天坚持接送弟弟上学,成了弟弟的实际监护人。那两年的时间里,两个没有血缘关系,性格迥异的孩子相互扶持,同甘共苦,成了至亲姐弟,我们家也因此多了一个聪明伶俐的小儿子。

 19. 又一次抉择

三年社区大学的学习让自誉为"学渣"的依依以前所未有的好成绩开挂,她终于如愿以偿地收到了五所大学的录取通知书,而最早向她抛出橄榄枝的是加州大学圣地亚哥分校(UCSD)。这是一所研究型的学院,心理学专业和医学是该校的强项。佛系的依依觉着这就是缘分,所以在其他学校的通知还未到之前,毅然决定了去UCSD深造,小学霸弟弟也如愿考进了他所心仪的大学。我们习惯性地支持依依的决定，所以趁着暑假帮着他们俩搬家，弟弟选择了住校，而依依则搬到了圣地亚哥。

UCSD的图书馆非常有名，这里成了依依大学生涯中最常驻足的地方。依依喜欢自己的学校，喜欢她学习的专业，趁着暑期回国时间，不断地在我们团队和中国人民大学心理社团分享她学到的知识。依依学习的心理学理论非常扎实深入，有些细微的知识连我都没有学过，大家更钦佩她的无私分享和讲座能力，殊不知从高中开始，每年暑期回来她就有意锻炼自己在各种场合的演讲能力，如今演讲对她来说已经是驾轻就熟。

开学没有多久，依依认真找我视频谈了一次话，话题很严肃，关乎她的职业发展。出国留学是为了学习心理学，但经过几年的学习，依依觉得如果要走上心理咨询的职业道路，自己的这些努力显然不够。如果回国，心理咨询是需要经过国家相关部门认证考试，才能执业。如果留在美国，前后大概需要用10年的时间和百般的努力，才能获得执业资格。这需要大量的时间投入和经济能力，依依不想给家庭再增添压力。而且即使获得执业资格，就业的道路也并不顺利。从小受着中国文化的教育和熏陶，对于外国居民的心理意识还很难做到准确定位和共情，就是针对移民华侨群体的心理服务也是对专业的极大挑战。依依本来想做留学生的心理辅导，如果是这样，转学教育学或许对今后的职业道路更为有利。虽然我们本意是让依依学成归国，但是常年在国外留学，国内朋友少，生活方式逐渐适应国外的节奏，很多小留学生都想留在他们所熟悉的环境生活，依依也不例外。我们尊重她的决定和选择，也清楚女儿是并不想增加我们的负担，那么，如果硕士要转学教育学，依依就要计划在大学期间辅修一门教育学。这是我们这次视频的主要议题，与以往一样，我们完全尊重孩子的决议。

 20. 实习给选择加分

在决定了硕士专业转学教育学后，依依的目标更加明确了。她利用暑假回国去新东方实习，帮助准备留学的学生们做全面的能力测试和分析，依依

运用自己所学的专业,为公司制订了一套留学生测评分析文件。她的带教老师是一位毕业于哥伦比亚大学的高才生,没有想到一年后依依也进入了哥伦比亚大学,成为她"师傅"的学妹,而且在申请学校时,她师傅的推荐信也起了至关重要的作用。

大学毕业后,依依综合分析了自己的能力,将研究生专业目标锁定在"特殊教育"上。这样,她所学的心理学和教育学都有了用武之地。在申请一年实习(OPT)的时候,她将目标锁定在同样专业的工作上。没多久,依依如愿以偿,精准地找到了一家美国儿童特殊教育机构,并且获得了全程陪伴两个自闭症儿童的机会,以及考出了各类工作需要的证书。

应该说,这一次的选择对于后来依依的继续深造有着重大的意义,虽然实习的收入并不是她选择的几份工作中最高的,但是依依毫不犹豫地选择了这份与她将要申请的专业最为相关的工作,也是得益于她对自己准确的规划上。从这点可见依依对于事情选择的长远考虑和人生格局提升不少,并让依依对于自己的未来更加有信心。

一年中与两个自闭症孩子的相处,不但得到了孩子家庭的认可,也得到了公司的肯定,同时也给依依的专业研究提供了第一手资料。看着两个孩子一天比一天的开朗起来,依依充满喜悦,经常会跟我分享她为孩子动手做了一些手工教具,以及她对于专业领域的一些个人想法,有些设想连我这个工作10年的心理咨询师都自愧不如。

 21. 走进藤校

一年时间很快过去了,到了申请读研究生的时候。经过几年的留学,申请学校对依依来说已经驾轻就熟了。她综合分析了自己的情况,选定了三所学校投递了申请。这三所学校对于依依来说,专业是自己喜欢的,而且在自己的心底里也设置了:保底学校、中等志愿和理想学校。应该说,目标相当精准。申请学校需要根据不同的学校特点和专业特点写申请,而精准的设置,使得申请的时间成本、资金成本都是最优化的。

依依对于申请书尤为重视，学霸弟弟也给予她很多建议，申请书中明确地阐述了她自己对于专业的理解、选择此专业的初衷、选择该校的理由、曾经为此做过的努力，以及对学成以后自己的规划，有理有据，自信而客观。

有着心理学专业的学习背景，又在大学期间辅修教育学，这个选择让她在申请"特殊教育"的专业上加分很多。有着这样明确目标的学习和实践，又有一份带着诚意和坚定意念的申请书，让依依很快收到了这三所学校的录取通知。州立大学甚至用提供奖学金来竞争依依入学，最后依依选择了哥伦比亚大学教育学院的特殊教育专业入学，成为那一期25名硕士研究生中唯一一个亚裔学生。虽然与原来设定的哈佛大学擦肩而过，但也是非常精准地完成了自己的目标。

应该说，一路走来，依依无论是择校、选课，以及每次对自己精准的定位，帮助她顺利坚定地沿着自己的目标前行。作为母亲，我只是一个旁观者，可以提供一些建议，却无法提供决定；而依依对于自己的每一次决定的把控，都随着她的成长而成功概率越来越高，这给足了她的自信心，同时也让我无比放心。

22. 帝国大厦的哥大蓝

从加州搬到纽约，在开学前的最后一个暑假，依依回国度假。从申请学校宿舍、落实签证和选课到准备各种生活用品，看她每天记备忘录，有条不紊地安排自己的生活，把各种生活必需品塞进行李箱，仔细地把毕业离开时需要扔掉和留下的东西做了细致规划，甚至有时候还会有些小纠结。我们很欣慰，这是一个大事小情都不需要我们操心的孩子，一个很会照顾自己、很会生活的姑娘。

哥大的学习是非常紧张的，几乎每次视频，依依都在紧张地做作业。依依说她们这个学习项目共二十几人，她的教授非常喜欢她，她是最早收到录取通知书的那批人，所以必须要争气，不能落后。这一年依依的成绩达到了全A，这是她留学生涯中的第二次开挂。

很快，被自嘲为读书读傻了的依依毕业了，我们赶到纽约参加了盛大的毕业典礼。那一周，纽约帝国大厦顶部为哥大学子亮起"哥大蓝"，这是所有哥大毕业生的骄傲，我们为有这样的女儿感到自豪。

 ## 23. 活出自己的精彩人生

时光荏苒，转眼之间，依依已经完成了她计划中的所有学习任务，在选择职业的时候，我们有了一些分歧。虽然十几年的留学生涯，依依独自打拼，但是骨子里，依依还是非常佛系的一个女孩。她热爱生活，爱做美食，爱手工，十足的一个贤妻良母类型的女孩，并没有什么事业野心，只希望追求一份平静安宁的生活。对于一个母亲来说，自己的女儿毕业于名校，这就像是给人戴了一个紧箍咒。在人们无比"景仰"的光环下，我自己好像也走不出这个魔咒。总觉得，终于把孩子培养到名校毕业了，那么就得有个名校孩子的样子，就应该一直优秀下去，有一个大家羡慕的工作，或者自己创业成就一番事业，这些都应该是依依不二的选择。

在这样的情怀下，我鼓励依依一起与朋友注册了公司。依依就这样被我稀里糊涂地设计好了职业。创办公司的初衷是因为，十年的留学生涯，让依依感受到了留学生心理的重压，从刚开始留学的初期，她就像一个知心姐姐一样帮助身边的每一位留学生伙伴，即便是有些留学生比她年长，她也会像大姐姐一样关照他们的内心世界。从选择心理学专业开始，她的梦想就是为留学生提供帮助。

作为机构创始人，从未接触过商业运作的依依必须从头学起。机构是以陪伴支持留学生为主要任务的，那么光靠依依一个人的力量显然是不够的，在海外我们需要更多的志同道合的伙伴。于是，从招募到面试培训，依依从基础的HR岗位做起，在短时间内就招募到上百位心理学和教育学学历背景的海外名校学长。孩子们每周分组做培训和个案分析训练，有条不紊。并且由依依甄选了几位分属于各国的学生代表，迅速组成了一支有序而又强大的管理团队。

在产品打磨的过程中,不仅需要专业知识,更需要有销售的头脑。这对于几个从未做过销售的心理学专业毕业的孩子是不容易的,加上国际时间不统一,依依需要管理不同国家的团队,还要随时跟我们保持联络,一年多的时间里,日夜颠倒的工作,让依依的睡眠产生了障碍。

24. 我们的共同成长

2020年全球新冠疫情暴发,留学生们都被封阻在国内,机构一开始就遇到了黑天鹅,但是依依和她团队的小伙伴们依然坚持每周的培训和学习。并且通过联系英国、美国,以及其他国家当地的学联和公益组织,为滞留在国外的留学生们做了六场公益讲座和一对一的心理咨询,有将近2 000名留学生受益。依依是这些活动的策划人、联络人和发起者,从筹备活动到活动落地,让每个环节必亲力亲为的依依受益匪浅。

虽然没有一分钱收入,甚至于最后因为疫情和公司运营中的问题,使我们不得不暂停了工作,并关闭了还没有成型的公司,但依依却坚定地告诉我,她不后悔,也没有不甘心,因为近两年的时间里,她学到了许多,也结交了很多志同道合的好朋友,她也希望我能够安然地接受她按照自己的意愿去面对生活。

与依依一起创业,让我也成长很多。最大的成长在于反省了自己当初的决定。我一直以一个民主的妈妈自居,但是对于女儿的前途,还是有着不可控制的主观心态。虽然女儿按照我的要求参与了公司的开创,也为了公司的发展只求付出不图回报,但这对于一个小财迷来说,免费打工那么多时间是多么的不容易,直到最后还要反过来,以告诉我她学到了很多来宽慰一度因投资失败而困扰着的我,这让我必须反思自己当初冲动的决定。我看到了自己内心对女儿的控制欲,正是有了望女成凤的得失心,才会有这一次失败的投资经历。虽然开始也经过了她的认可,但行为上确实逾越了两条不同生命之间的界限,制造了所谓"妈妈的冷暖"和"妈妈的前途",而忽略了孩子内心的需求。好在我与女儿一直心意相通,女儿也给了我最大的包容和尊

重。现在,我把有关前途、职业、生活等所有的决定权还给女儿,也放下一切对于另一个生命不切实际的期许,接受由女儿自己决定自己的未来。或许她还会重新创业,或许她会找一份她自己喜欢的工作(事实上,她很快就找到了一份她自己喜欢的工作),过平凡的生活;也或许,她选择的工作与她名校毕业的身份看起来并不那么匹配,但只要是她的决定,我会无条件地支持,因为我已经完成了一个母亲能给女儿提供的一切教育条件,也已经尽了一个母亲对女儿能做到的所有责任。在我心里,我应该好好地活出自己的精彩,把注意力集中在自己的生活和事业上,往后余生,愿能够望着女儿坚定的背影,给予她由衷的祝福。

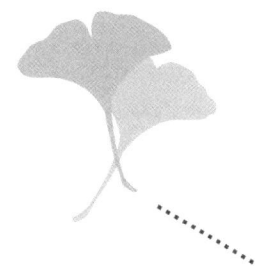

附录　他们说

我和女儿的成长,离不开身边的挚友、同事、家长和孩子们的信任和支持。感恩一直是我们全家时刻放在心里的一份情怀,所以,写到了本书最后,来听听他们怎么说。

1. 第一位出场的依依——我最亲爱的女儿,也是我最亲密的挚友。从她出生的那天起,我陪伴她长大,也跟随她一起自我成长,绽放出两个独立自信的个体,我们互相扶持,关系绝对超出了母女,她是我们家的开心果,也是我一生最好的闺蜜。

我 的 娘 亲

16岁那年,我一个人拖着三个超重的行李,到美国去念高中。在那之前,对于美国的高中,我一无所知。虽然在出发前曾经在网上搜索过关于美国的种种,虽然选择到美国留学也是我自己的决定,虽然在出发前我妈也给我做了心理建设,虽然我自己对于出国留学的规划还是比较明确的,但是真的要一个人到一个完全陌生的

地方，心里总免不了有些忐忑。

　　留学生涯中，我遇到了很多困难，也有很多压力，不过好在每一次遇到问题时，我都有一对站在我身后为我撑腰的父母。他们从来不主导我的决定，每次都会从我的角度，耐心地与我分析得失，探讨更好的解决办法，让我从小就学会了主宰自己的命运。是的，我命由我不由天。

　　我的娘亲是一名主攻育儿心理的国家二级心理咨询师，是我从小到大的偶像。她对于很多事情都有着睿智大度的见解，往往能一针见血地指出问题背后的成因。在她的引导下，初二就找到自己梦想的我，学会了目标规划。父母经常开玩笑地叫我"小财迷"，其实在钱财上我并不小气，但深知父母供我留学多年不容易，我也希望他们有充足富裕且幸福的生活，所以在选择每一门课程前，我都会很认真仔细地研究，自己是否可以顺利完成学分，以免浪费学费。也正是因为这样的考虑，我在美国高中毕业后选择了先进入社区大学学习，再转入四年制大学，以至在之后的学习和生活中，我也习惯成自然的凡事会先做好计划。我很明白，任何事情，没有规划就没有未来。也因此，那么多年，我都是按照自己的目标前行，有的放矢。当然，对自己要求高了，就会有压力，但是我经常自我调侃："既然是自己选择要走的路，就是跪着也要走完。"这种信念让我坚持着打过了留学这一路上的"小怪大doss"，虽未至通关，但也取得了还算过得去的成绩。

　　我很庆幸自己能在一个如此民主的家庭里生活，我的继父和我是非常好的朋友，他让家里的气氛始终欢乐无比；而我的娘亲则是我的人生导师和最好的闺蜜。她做过很多工作，人生经历可谓精彩。她执着于学习和工作，也极尽可能地照顾家里，是一位事业、学习、家庭三不误的先锋女性，也一直是我的榜样。我的成长在很大程度上得益于她的教育理念，无论是小时候的"散养"模式，还是后来对于目标管理的启发引导，都使我成为最大受益者。

　　一直以来，我的家庭是我强有力的依靠和疲累时可以停歇的安全港湾。在我们家，界限分明，每个人都是独立的个体。在亲子关系上，父母从不干涉我的自由，但我们也时刻为彼此着想。小时候他们出去露营、攀岩、聚会，都会带上我。等我进入青春期，需要自己的空间了，他们也会很乐意地接受

我自己待在家里，或者跟小伙伴出去疯玩。但是不管发生什么，我都会让他们成为我的第一知情人，这样的信任关系是我能够感受到的最舒服的亲子关系吧。

现在，我已经完成了学业，并踏入了工作岗位，正在帮助更多准备留学或者正在留学的弟弟妹妹们，找到梦想，学会规划，克服留学中的心理困难，成为独立自信的自己，展望美好的未来。

依依

2. 西岳——西岳是除了我女儿，第一个与我一起开始追逐梦想的阳光男孩，从初中到如今大学毕业，硕士在读，我一直视他为我的骄傲，就像是自己的孩子一样。时刻关注着西岳的每一个进步，并为他高兴。目前他正在早稻田大学继续攻读心理学硕士，从大学开始的很多个假期，他都会来我们这里实习，与团队伙伴们打成一片，是我们团队的新生力量之代表。

启发和力量

初二那年去春子老师工作室的时候，我在学校老师们的眼里是"成绩还不错的坏学生"，觉得学校生活贼无聊，便有点愤世嫉俗，谁也不服，上课顶嘴，拉帮结派，带头捣乱。凭着一点小聪明，成绩在班上还算靠前，一方面是给爸妈个交代，一方面是想打老师的脸："你看！那些所谓的规矩都是放屁，我和你对着干，成绩照样不错！"其实也不是真有多讨厌学校，只是看到"高高在上"的老师拿我没辙就暗自得意，陶醉在小闹天宫的日常中。

此外，其实也是希望有个梦想能为之奋斗，比如当上海"贼王"之类的。那时候看动漫小说什么的，觉得那样的人生太热血了，为了自己的梦想，即使粉身碎骨，也是酣畅淋漓。但是反观现实，还是现在出海冒险吧，世界地图都画好了，但不知道去哪儿；想做蒙面侠客路见不平一声吼，发现社区环境挺好，路都挺平整的；要不学韩寒辍学当作家吧，可是文笔好像又没那么好，还是算了吧。所以在我妈的推荐下，就去找了春子老师，也是想找到属于自己的"梦想"。

后来就像春子老师写的那样，按照"七步法"走了一回，当时暂定的理想职业是编剧，还做了调查，定了小目标，并准备具体行动。其实在春子老师那里，关于自己的"梦想"，我并没有得到一个明确而又直接的答案，说实话如今我也没有找到一个正确的答案。但是，这是第一次有一个父母之外的成年人，与我面对面坐着，平等理性地去探讨我的未来、我的规划，以及我想要什么，这对我来说非常重要。我意识到至今为止，我往往是被动地在反抗我讨厌的东西，没有脚踏实地地去追寻我想要的东西。为了成为编剧，或者为了拓展眼界，找到更适合自己的目标，现在能做的就是爬上更高更强的舞台，不是为了遵守规则，迎合别人的期许，而是为了选择自己要走的路。

正如春子老师说的，把学习就变成自己的事，才会有动力。但当时并没有感觉自己脱胎换骨什么的，后来问了我妈才意识到，从那以后我确实有了很大的改变。尝试和讨厌的老师好好沟通，发现也能互相理解，各退一步，不找麻烦；计算各科分数，自己不足的，我会主动提出找课外补习；有用的作业自己加练，没用的抄抄写写就和老师明说不想做，很幸运父母和老师都支持我的主张。到了初三的时候，我从捣蛋头子变成了带头学习的班长；在全校的开学典礼上演讲，鼓励大家为梦想而努力；并获得老师的推荐，入了团，还评为市级"四好"青年。我十分真切地感受到：当没有目的地，所有的风都是逆风，而当眼里盯着目标时，才能左右逢源，化敌为友。

之后，顺利地考上重点高中，开始感觉到各种跟不上，备感吃力，但高三也同样用这套方式时却渐入佳境，考上了复旦大学。放弃了起初计划的编剧之路，选择了心理学，也许看起来像是受了春子老师的影响，不过这确实是我所热爱的专业，用理性科学的方式去探究变幻莫测的人心，我始终为之痴迷。心理学其实饱受偏见，有时会被同学们看作是"被调剂"的学科，直到现在还常有人问我，你当时成绩这么好为什么要去学心理学，我也只能笑笑说这是我自己选择的路。

其实，春子老师教会我的，正是踏上自己所选择的路。这条路也许一帆风顺，也许遍布荆棘，也许南辕北辙，但每个迷茫的孩子都要亲自去走一走。

因为踏上西行，比抵达灵山更重要。

再次感谢春子老师给我的启发和力量！

西岳

3. 王丽萍——西岳的妈妈，曾经也是我们的邻居。她做了10年幼儿园的老师，4年行政管理，6年寿险代理人。爱生活，爱自由，爱美食，爱书法，爱中医，还是一个杨氏太极弟子……人们常说每个家庭的女主人，决定了家庭关系和氛围，他们家和谐相处的模式，应该完全归功于有这样一位贤良温柔，有着自己的独立观念和事业的女主人。

西岳和学习动力营

西岳的父亲在外企工作，平时很忙，在教育上比较尊重我的意见。我曾是个幼儿教育工作者，所以，对于孩子的教育和成长，有着自己的见解和方式。所以西岳从小比较独立和自律，也有自己的追求和想法，一路走来倒也相安无事。

但初二的时候，西岳却开始迷茫，他羡慕同学们都有自己的梦想，有自己未来想成为的职业追求，而自己却没有，所以，他不再有主动学习的激情。爱看电影、动画，做事情也不愿做计划，变得拖拖拉拉的，让我一度十分苦恼。

偶然遇上春子，谈起她女儿同期的困扰和后面如何找到动力，快速进入自我管理的模式，我就想让西岳试试。

西岳是欣然前往的，一共经历了四次课程，一个汇报演讲。期间，春子会交给任务，还推荐了《水知道答案》《秘密》等书籍让西岳阅读，并交流心得。等汇报演讲的时候，西岳父亲和我同时到会，见西岳侃侃而谈，震惊到了他的父亲，在他眼里原来的乖乖孩子有着出乎意料的谈吐和见识，他的眼中有了光。

西岳可能并没有找准他自己的理想职业，却因着当时的梦想和计划，找到了短期的学习目标。学习不再是为了配合我们和老师，做作业也不再感到那么痛苦。他主动地给自己做计划并逐日完成，找自己学习和考试的薄弱环

节,并主动和我们提出需要配合的要求,阶段性地找老师辅导……学习完全变成了自觉自愿的事情,他整个人有了巨大的变化,尤其是少了躁动不安,多了沉稳和踏实。

西岳后来顺利地考上他目标中的高中,虽不是成绩出类拔萃的,但却是高中孩子中少有的快乐阳光的一类。中间如遇上困惑的时候,他还会主动地找春子"喝个咖啡"啥的,调整过来。

王丽萍

4. 尚喆——尚喆是在高中的时候来到我的工作室,我们花了十几个小时一起逐梦,之后他毫无悬念的考进交大,再后来赴美完成了美国罗格斯大学数学金融硕士学习,目前正在该校攻读运筹学博士生项目。他给自己的定义是一个偏科生,热爱一切与逻辑思维相关的事务。从有点自我封闭的高中生,到如今成为一名开朗自信的博士生,并且是一个热心公益的青少年,我们一直保持着良好的沟通和联络,甚至有一年去美国的时候,我还受邀参观了尚喆的所读学校,了解了尚喆现时的情况,我非常欣喜地看见他能够不断的进步与成长。

学习动力营感悟

2012年,在高一结束的暑假,还没有完全适应高中生活的我在接连几次考试的成绩不理想的情况下,难免会感受到一丝自卑。此时正逢青春期情绪起伏不定,更是放大助长了消沉的情绪。我就在这样迷茫不安且敏感的状态下被老爸忽悠着参加了春子老师组织的为期一周的蚂蚁工场"学习动力营"活动。

在整个活动中,我最先感受到的是春子老师的耐心和真诚。这也让有点怕生的我慢慢地打开自己的心房,也愿意将自己内心柔软脆弱的部分暴露出来。有了亲近感和信任的基础,平等的沟通或者适当的引导才会显得不那么突兀。

记得我们最先做的是自我认知,也就是让自己尽可能地从一个客观的角度评价和认识自身。这对于正处于迷茫期且情绪不太稳定的我来说是一

剂良药。使我得以剥离自己原有的极端情绪而重新审视自己,对于自己的优点不予否定,对于自己的缺点也不予回避。只有认真的自省,才能在风浪中找准定位,从容不迫。这也是我一直想要追寻的目标——保持自信和内心平和。

紧接着下一个环节是职业规划。我记得当时测出来最适合我的职业好像是海洋工程师。但事实上我现在从事的职业跟这个差距很大。这个职业规划对我来说更多的就像是一个寻找方向的引导。如果迷茫的话,那就不妨先定个目标,哪怕再小再离谱也不要紧,总比没有目标要强。

春子老师让我们画的"鱼骨图",在我接下来的人生规划中起着神奇的作用,就像在我心里种下了一颗种子,多年来我一直努力践行着这一理念。

整个为期一周的活动让我印象最深刻的就是最后的成果展示环节。我本身偏内向的性格,加上之前也很少有演讲展示的机会,让我心里面一度想打退堂鼓。但是,在经过前面的一系列培训之后,我对自己的认知和规划已逐渐清晰,也能更自信从容地当众展示,让我的父母对我刮目相看。

这次学习动力营一共加起来仅有短短的十几个小时,但的确让我能够从自身出发,自我驱动地认清自己、找回自信、重燃动力。我感恩理解支持我的父母,也感恩那时的我能有幸遇到耐心真诚的春子老师和她的团队。我也感谢那时候的自己,能够勇敢地讲出自己的困惑和脆弱,并且积极地接受引导。同时我也相信,任何处于青春期的孩子,只要能在健全的家庭关系中接受正确的引导,一定会步入正轨并爆发出惊人的潜力。

尚喆

5. 杨景强——尚喆的父亲,杨先生称自己得益于高考,本科毕业后入职央企,期间得贵人相助,工作学习两不误。后获得硕士学位,辞职开启北漂沪漂,再后来又完成了博士学位攻读,目前在一家合资化工企业负责生产运营管理。送尚喆来我们工作室的时候,给我的感受是严父,还记得在尚喆做汇报的时候,杨先生欲在汇报中指出尚喆的问题,而尚喆则坚定地跟父亲说:"爸爸,请等我全部讲完,再发表意见可以吗?"尚喆的母亲当场就激动得流泪了,演讲结束以后,她告诉我,以前在家里,尚喆父亲对孩子很严格,导致孩子见到

父亲有些害怕；而今天，儿子却敢当那么多人的面"忤逆"父亲，真是没有想到，那一刻让她看到了建立起自信的尚喆全身发出的光芒。杨先生对于孩子的教育有着自己非常独到的见解，严格的教育让尚喆懂礼貌，知进退，而敢于放手的教育方式，也造就出了一个独立自信，异常优秀的儿子。

蚂蚁工场体验之感想

2012年暑期，朋友喝茶聊天时偶闻"蚂蚁工场"（学习动力营在成为大课之前的名字）的故事，内心为之一振，这不就是我内心期待的启发孩子学习动力的方式吗？于是果断联系春子老师给儿子杨尚喆报名了6天的我称之为"吹牛班"的蚂蚁工场暑期短训。如今，儿子自2018年上海交大信息安全专业本科毕业后，留学美国读数学金融硕士，现在罗格斯大学攻读统筹优化博士。

10年过去了，春子老师的新作《教子有道》即将面世出版，我受春子老师之约谈点感想。想着现在儿子身上洋溢的满满正能量隐隐有蚂蚁工场的痕迹，心中不免有诸多感慨愿分享。

感慨一，独特的启蒙方式：印象深刻之一对一、二对一、三对一的"吹牛聊天"方式能够挖掘孩子内心深处的兴趣爱好、快乐源泉、学习困惑；灵魂拷问个人梦想，引导孩子日常行为自查自纠，拔高拓展人生的思考规划，并且落地鼓励孩子自信自立。

感慨二，意外的收获：曾国藩的八字真言"勤俭刚明，忠恕谦浑"之"浑字简解，中庸之道，至高之道，火候适宜"的"变通"不一定都是违背契约。精神领袖不一定都是能言善辩，宅心仁厚、内力非凡一样可以称霸武林。

感慨三，人生规划高格局：小小的一张"人生鱼骨规划图"，给孩子带来的是俯视人生的高格局，以及指引未来的正能量心理暗示。

感慨四，爱心播种，留香一生：蚂蚁工场期间，为智障孩子做义工的经历至今影响着孩子，杨尚喆同学2014年在湖南贫困山区支教、2020年在美国新冠疫情初期千里走单骑解救同学的壮举，皆源于孩子本性及蚂蚁工场之启蒙，赠人玫瑰，手有余香。

感慨五，感恩之心传承：10年联络不断，互帮互助如亲朋。

杨景强

6. 小助手Tory——依依的闺蜜，我的得力小助手。大学日语系毕业后，继续完成了心理学硕士的学习。她来到我身边实际上并不完全是因为依依的关系，事实上她工作严谨，睿智而敏锐，做事有条理，工作认真，待人谦逊，有着良好的家教和文化底蕴。在我们团队里，是一个非常难得的小管家和我最得力的小助手。在加入我们团队之前，她曾在国内知名的早教机构做人事和行政主管，这几年承担了我们"翼心理"所有的行政和宣传的工作。

给人以鱼不如授人以渔——没有爱就没有教育

其实在我很小的时候就认识了春子老师。可以说，基本上是春子老师看着我长大的。

当年，小学三年级的我和同学们一起上Joy（依依的英文名字）家里去玩，我第一次见到了Joy的妈妈——春子老师。后来在与Joy一起成长的道路上，我逐渐加深了对春子老师的认识——亲切开朗、智慧开明又不时散发着年轻可爱的气息。春子老师对我们这些小朋友来说是长辈，但是在相处的过程中却更像一位充满智慧的同龄之可爱的大姐姐。并且，常常让我有一种春子老师如同"哆啦A梦"一样万能的错觉。同时，也让我小时候特别特别羡慕Joy。每次去春子老师家玩，我的家里人都非常放心，安心到我住多久都不怎么在意的地步。在春子老师家，我们都很自在开心。成长的道路上，春子老师也成了我们的孩子王。她从来不失热情，经常带着我们这群傻孩子去疯玩。这个在我自己的原生家庭里是非常非常少的。例如，春子老师会带着我们去看演唱会、去参加跨年活动、去游乐场、去玩漂流、去竞技比赛划龙舟、去参与电视活动……回忆已多到数不清。春子老师接受电视台采访的时候，我甚至化身头号粉丝做了一堆春子老师的表情包（哈哈哈）。

但是真正了解春子老师，还是在几年前和春子老师一起共事后。我大学毕业刚开始工作没多久，就萌生了想要深造继续学习的念头，在教育平台做人事培训的我，迷茫在选专业的交叉路口上，心理学和管理学在教育工作中其实都挺重要的。最终我选择了心理学专业。刚开始学习就在一次偶然的机会下，很荣幸的以实习生的身份加入到了春子老师的团队。在此，我慢慢发现了心理行业和教育工作的无限魅力。在春子老师带领的翼心理团队里，我认识了很多可爱的专业心理咨询老师，知道春子老师帮助了好多人。我的工作是进行资料整理，在帮春子老师写她个人介绍的时候，我恨不得把春子老师所有的称号和经历写上去，结果每次被春子老师修改后删去了好多精彩。每次她都会说"这个删掉"，"那个删掉"。让我备感遗憾。在工作中，她经常说："Tory，你要学会再多走几步，要把自己拉出来，这样才能看到更多更广的局面。"在她对我的培养与包容中，不缺乏人生真理的渲染，并且毫无保留地把我一直往高位引。

之前在早教机构的工作经历，让我接触到了太多的家长因为孩子的行为习惯问题、学习问题，甚至孩子的性格问题而发愁。爸爸妈妈的焦虑过重甚至会直接影响到我们教育平台工作的老师们。但我们却又都很"喜欢"这类家长。因为只有家长焦虑了，教育平台上才能不缺少"生源"。焦虑的爸爸妈妈实在太多了。只是我那时候也没觉得这种现状有啥问题，因为大环境就是如此，这太正常不过了。直到我开始和春子老师共事，我才恍然发觉，以前的自己多么无知。

第一次作为助理和春子老师一起跑讲座，我在旁边听得太过投入，差点连讲座助理的工作都忘记了。在春子老师的《感觉统合与孩子专注力》讲座中，我认识了什么是"感觉统合失调"，也才明白，原来孩子注意力不集中和这个有关系。

春子老师一直跟家长强调：孩子是有起跑线的，那就是"身体"。根据人类正常的生理发展，身体的不同阶段都有不同阶段的成长任务。正确的"玩"对于孩子的生理和心理发展，都是非常重要的。春子老师的感统讲座就是让父母能放下心中的焦虑，让父母明白孩子注意力不集中的原因到底是什么，并且她还会用最浅显，最简单的方式让家长们了解到，感觉系统的发展对孩子来说很重要。她说训练起来其实并不难，往往可能只是一个小动作，一个"无成本"的小游戏，就能享受高质量的亲子陪伴时光。

然而，知识的科普灌输很简单，但是要同时让受众明白其背后的理念与发心是很不容易的。这么多年来，春子老师为了普及感统和专注力培养的话题，开展了百场公益讲座，包括与上海健康云小伙伴们一起，花大量时间开发完成了在线免费感统测试等工作，就此能看出春子老师的良苦用心。但这仅仅是春子老师感觉统合的讲座系列，在帮助青春期的学生找到自己的目

标，开启学习动力的"学习动力营"项目，以及亲子教育中家长个人成长的方面，我觉得她有太多的专题可以分门别类的写成书了。

这几年我看着春子老师成为很多家长和孩子的贵人，但春子老师却对外一直说自己最骄傲的身份其实是"母亲"，让我时常羡慕Joy有这样睿智的妈妈，她会站在孩子的视角上和孩子一起成长，跟孩子成为好朋友，享受孩子健康成长的每分每秒。这位母亲以她最大的热情与最纯粹的真诚接纳着一切，她总是以自己的灵魂感染着另一个灵魂。

作为她的助手，我是三生有幸能和春子老师一起共事。不仅仅是在将来自己孕育孩子的时候能少走很多的弯路，更多的是在相处的岁月里，我收获了许多意想不到的来自春子老师的谆谆教诲，与她带领的团队伙伴传递的温暖。好几位小伙伴都说春子老师是他们的人生导师。对我来说，春子老师不仅是人生导师，她更像是灵魂工程师。她从来不会具体的去干涉你，她会默默陪伴，大胆放手地让你自己不断的去探索。

其实春子老师也一直把我当自己女儿一样地照顾，在我感情路上不顺畅的时候，她会倾听包容。在我因奶奶病危难受哭泣的时候，她会默默给予我一个很有力量的拥抱。春子老师一直心有猛虎却也能细嗅蔷薇，飒爽的她到处充满温暖。一个人一生中会遇到多少贵人我不知道，也不是很在乎。但在我的世界里，春子老师就是我生命中最重要的贵人，与家人一样存在的贵人。

在她的带领下，我们团队都亲切地称自己为"翼家人"，这个大家庭中的每一位伙伴都有着和春子老师一样的热情，以及对心理行业与亲子教育工作的那份宽容与热爱。我想这才是我们心理与教育行业应该有的样子。

春子老师，谢谢你让我在你的两本书中留下我的故事，也谢谢你让我遇到了Joy，我人生中最好的朋友，更谢谢你让我走进了翼心理与你一起工作，我会努力往前，爱你！

小助手Tory

7. 小助手孙晨璐——从严格意义上说，我与这一位小助手从未谋面，但亲如家人。晨璐进入我们机构，是通过正常招聘流程的，记得有一天人事部同事告诉我，他们面试了一位特别优秀的女孩，但是她可能身体不便，问我是否要录用？我有些好奇，就约了网络面试，而这次面试，让我看到了一个全身发光的宝藏女孩。镜头前美丽灵动的女孩，几年前因为车祸高位截瘫，但是她毅力惊人，通过自己的努力，帮助几家机构做微信运营，通过视频带货补贴家用，性格乐观开朗。而且她的文采特别好，我们也正需要合适的人来运营我们的公众号，就这样一拍即合，我们决定录用晨璐。尤其是"益学年"项目启动以后，平台上的大部分活动推介和公众号文章，几乎都出自晨璐之手，字里行间洋溢着无尽的才华和满满的自信，高效率的工作节奏和认真的工作态度，让我们团队的每一位小伙伴都对她有着特别崇敬和依恋的情感。

一场神奇的缘分

与春子老师的相识是一场神奇的缘分。一场车祸导致我终身瘫痪，25岁研究生毕业才刚刚开始工作的我，却被悲惨的命运摧残到失去人生的希望。

2019年，在我康复两年后，鼓起勇气求职的那个春天，我在网络上认识了之后作为我领导的春子老师。她没有因为我的身体原因需要在家办公而拒绝我，相反，春子老师通过层层面试后认可我的工作能力，并最终提供给我一份宝贵的工作。

于我而言，这份工作在我灰暗的人生中注入了新的希望，至此开枝散叶。跟着春子老师一起工作的两年多时间里，我学习了很多与心理学相关的知识，特别是在亲子教育这一块，这也逐渐让我伤痕累累的内心在知识的汲取中得到治愈。

虽然一起共事，但因为疫情我们一直都没有机会见面。每每听到春子老师在语音对话里那温柔的声音，看到视频和照片里春子老师那和蔼可亲的脸庞，我发自内心地感受到我和春子老师之间没有任何距离，春子老师也成了我的良师益友。

在本书还未出版之前，我有幸拜读了此书。由于我还单身，对于孩子和家庭的理解更多来源于父母与我平日的相处之中。所以从一开始阅读此书时，我便带着自己和父母的关系到书里去体会。

我回忆起童年时期再到青春时期，与父母之间的矛盾冲突，生气、叛

逆、冷战等让我头疼的各种相处不愉快,在春子老师的娓娓道来中都找到了原因和解决的办法。

针对复杂的亲子关系和有效的教育方法,春子老师融入道家的思想,与古人的智慧融会贯通,从一个传统但又全新的角度生动地进行了分析与解读。

没有规矩不成方圆,如何给孩子制定清楚的规则并让其遵守?教育孩子就跟煮汤,火候该怎么掌握?父母婚变,怎么对孩子进行危机干预?家长如何创造水火相融的家庭氛围,让亲子关系变得游刃有余?孩子的理财思维从小该怎么培养?

相信家长们在读完此书后一定会非常受益。毕竟没有谁天生就有做父母的经验,每一位父母都是摸着石子过河,一边学习一边实践,应对孩子的教育。

找到行之有效的教育之道,为孩子创造一个和睦的家庭氛围,从小培养孩子有规矩有分寸,道德品德优良,爱学习爱思考,减少与孩子之间的摩擦与冲突,少走教育上的弯路,陪伴孩子长大,父母们又岂不乐哉?

教育是一门大学问,春子老师终其一生为家长们寻求教育之道。她曾在全国巡讲百场有关亲子关系的公益讲座,用幽默机智的风格、恭敬谦和的态度和条理清晰地阐述让家长们受益匪浅。

同时,她也是青少年学习动力辅导师,与孩子们一起探索理想、确定目标,制定计划,让原本盲目学习的孩子们都能迅速地启动了内在的学习动力,把"要我学"变成了"我要学",征服了孩子们的心。

2022年,春子老师依然在教育的路上前行。她创建了"益学年"亲子公益平台,旨在关注家庭关系与孩子成长,倡导"把公益的种子种到每个孩子的心里"。

她把自己有关亲子教育的专业知识融进了"尽自己所能,为他人和这个社会多奉献一份爱心的"公益大爱之中。

跟随春子老师的脚步,让孩子从小学会公益理念和公益技能,力所能及的参与公益活动,做一个有温度的善良之人;领悟春子老师之教子有道的二十四道,让孩子健康快乐的成长。

孙晨璐

8. 杨海燕——海燕长期从事于公共卫生管理、医疗卫生信息以及互联网+医疗健康领域的管理与研究。她是健康云数字科技管理者、互联网+医疗健康创新的领跑者和区域市场的领航者。在我看来，海燕一直是充满热情，温柔美丽的万能女性，是我的引路人，是我亦师亦友的好闺蜜，是我的家人。从2005年她创建献血志愿者俱乐部（SSBC），带领上万名大学生的16支志愿者团队，为无偿献血做公益宣传和服务；到2012年，她创建"心e沙龙"项目，为百名心理咨询师搭建公益平台，为一方百姓提供贴心的心理健康知识普及及咨询服务；一直到2015年带领团队创建"上海健康云"，在其中为我们提供了心理咨询的网络平台，更是入选了2019年、2020年国家"十大"医改创新举措、2019～2021年连续三年上海市"十大"医改创新举措。在我的人生旅途中，海燕一直是一个发光体的存在。她自己在这么多傲人的成绩面前，依然温柔如水，处事不惊，仿佛不经意间，就把事业和生活都操持得如行云流水般畅快。

我们是怎样的一种存在

春子的微信是我置顶的3个微信之一，人潮人海中，常牵在手里，却有如此这般的迷人！

我们的相识非常偶然，当年我们两家的孩子都还小。第一次带着儿子去春子的工作室，通过对儿子"沙盘"的解读，与春子的促膝长谈，让我开始对心理学有了新的认识。再以后拉着春子一起做献血志愿者俱乐部的公益活动，经常能感受到我们两个对于人生信念的同频共振。就这样伴随着两个孩子的长大，我们的友情也更加深厚。直到小春子和我儿子相继赴美留学。一路走来，我们共同见证了两个孩子的茁壮成长。他们姐弟俩在美国相依相伴，互相照顾，都顺利地考上了加州大学。学业上，我的学霸儿子会为小春子提供更多学习上的帮助，而在生活上，作为姐姐的小春子却犹如"监护人"一样地照顾着弟弟，这让我们两位"老母亲"很是放心。对于春子"散养"的教育理念，我们也是如此的合拍和相似。就这样，两个孩子一个顺利念完了硕士，一个博士在读，成了令我们两个母亲最值得自豪的"作品"。

2015年，随着"健康云"的创立，我经常与春子探讨，网络心理咨询的未来发展。比如：心理学与信息通信技术的衔接——如何成为一种灵活和适应性强的网络心理资讯平台的结构组成、运行模式；如何让网络心理咨询不是传统心理学的替代，而是提升传统心理学的手段和资源优化等。可以预见，基于互联网的技术发展，心理咨询与心理诊疗将由传统的面对面模式，改变为网络心理咨询诊疗模式是一个大趋势。而作为首批入驻健康云的心理咨询师、亲子专家，春子以自己的专业能力，和多年培育小春子的成功经验，为探索建立有效的沟通机制，缓解来访者的心理不适提供了很多可贵的经验。

如今，孩子们已经不需要我们操心，而我与春子也各自忙着自己的工作和生活，虽不常见面，但也时刻挂怀。作为志同道合的闺蜜，互相扶持，共同进步，人生有三五知己足以。

杨海燕

9. 熊仕华——熊老师是我在2012年出版的《散养的孩子也成功》的负责人，我们通过书稿而相识，一见如故，这许多年来，保持着紧密的联系。本书从构思，到初稿出来，第一位阅稿的当然非熊老师莫属。他以丰富的出版经验和扎实的文学功底，给我提出了很中肯的修改意见，也正是在他的提点下，本书慢慢修改成型。对我而言，熊老师亦师亦友，他对文字的精准把控是我永远无法触及的存在。

画眉深浅入时无

光阴似箭，日月如梭。转眼间，我已正式退休，结束了35年的编辑生涯。这35年来，我虽然激情燃烧过、发愤图强过、努力拼搏过，但因缺少经天纬地之才，也没能留下什么鸿篇巨制。尽管这样，我却依然初心不改，一直对编辑工作"痛，并快乐着"。

编辑工作比较小众，常不为外人所知。有些过来人甚至认为，编辑工作形同"鸡肋"，"食之无味，弃之可惜"。其实，"小众"也好，"鸡肋"也罢，既然存在这门职业，自然有它存在的价值；既然我已选择这门职业，自然要把它当作一番事业来做。说到做编辑工作的好处，当推交际多、人缘广，三教九流，无不涉足。正因为人缘广，所以认识的人也多，而且多是有一定文

化层次的，否则就不能胜任著书立说了。不过，由于编辑工作的性质使然，对于挖掘选题和物色作者，编辑往往不得不"打一枪换个地方"，但与作者能够建立起友情，成为真正朋友的并不多。春子便是我为数不多、建立了真正友情的作者朋友之一。

  我同春子相识，实际上是通过朋友介绍的。大约是2011年底，时任《上海大众卫生报》记者的吴亦君老师来电，说有一位朋友看到她在上海文化出版社出版的《其实你不懂孩子的心：父母必须掌握的10把心灵钥匙》一书后，很想认识我，看看有没有合作的机会。于是，我就同春子第一次见面了，并留下深刻印象：她形象清新，有着模特儿的身材；她很健谈，也很率性，从学习、事业谈到婚姻、育儿，如同竹筒倒豆子一般爽快。最后吐出心声：她想结合自己所学，把女儿依依的成长经历写成一本书，与天下的年轻父母分享。

  于是，我们就把话题的重点转移到依依身上。依依从小就随着春子"南征北战"，过着"颠沛流离"的生活；到了上学的年龄，也基本上处于"散养"状态……因此，在大家的眼里，依依只是一个就读学校一般般、学习成绩一般般的普通女孩。然而，正是这种长期的"散养"状态，却培养了依依独立生活能力强、"人小主意大"的个性。在初中快要毕业时，依依突然提出想出国留学，也就是去美国读高中、上大学。看到女儿有如此志向，春子自然非常高兴，在各方的大力支持下，依依终于如愿以偿，去美国读高中，并最终考上了著名的常青藤大学——哥伦比亚大学！

  当年，已经拥有国家二级心理咨询师证书的春子，与人合伙开有心理咨询工作室，并正在上海师范大学心理学系攻读硕士研究生，无疑具备了很好的理论基础和文字驾驭能力；"散养"毕竟不同于"放养"，从小到大，一步一个脚印，春子陪着依依慢慢成长，无疑也积累有第一手资料。另外，当时各种"补习班"可谓"风起云涌"，让众多的中小学生不堪重负，社会上也迫切需要倡导正确的育儿观。于是，"散养的孩子也成功"这个选题就呼之欲出了。

  两个月后春子便将书稿交给了我：这本书稿用精美的语言记录了18年来，春子母女之间点点滴滴美好的回忆，以及作为一位母亲和心理咨询师对于养育孩子的一些建议，认为不管是"严格教育"，还是"散养教育"，只有

适合孩子的才是最好的教育。毕竟在教育这条路上,许多年轻的父母都还在不断地探索着。每个孩子都是独立的个体,教育没有模版可以复制,"哈佛女孩"如此,"虎妈"和"狼爸"的故事也是如此。如果能多一个角度去解读教育,成功——也许会有更多的路径可以通达。

"散养",是一种理念,更是一门艺术;"散养",把单亲的孩子养成多亲的孩子;"散养",让16岁的女儿轻松独闯美国;"散养",让母女俩快乐自由,拥有各自精彩的人生。"散养"就像放风筝,太紧了易断,太松了易飘。只有掌握好风向、线长和力度,顺势而为,才能让孩子自由、快乐地飞得更高。当然,"散养"也仅是一种选择,并不是每个孩子都适合的,"因材施教"才是王道!

2012年7月,春子的第一部作品——《散养的孩子也成功》,在上海文化出版社顺利地正式出版,并在是年的上海书展上,成功地举办了盛大的签名售书活动。

我与春子的第一次合作,迄今已经过去10年了,回想起来仍历历在目、美好而难以忘怀。这10年里,我又先后在上海锦绣文章出版社、上海人民美术出版社和上海新闻出版发展有限公司工作过,直至现已退休。这10年里,我与春子一直保持着联系,也曾多次听她说好准备写第二部作品。直到最近,她才从网上给我发来了《教子有道》书稿,让我先睹为快。

我大体上翻阅了这部书稿,主要分为"你们""他们"和"我们"三个部分:"你们"是写给家长的育儿之道,"他们"是写给孩子的成长之道,"我们"则是重述依依的"散养"之道,以及依依以全A的优异成绩从哥伦比亚大学毕业的完美结局。相比《散养的孩子也成功》一书,这本书稿的内容更加精彩全面、方法更具体实用,结局更完美,希望能够早日正式出版。

写到这里,我不禁想起唐代朱庆馀的《近试上张藉水部》诗:"洞房昨夜停红烛,待晓堂前拜舅姑。妆罢低声问夫婿,画眉深浅入时无。"其实,无论是作者还是编辑,对于一部书稿正式出版前,面对市场和读者,多少都有些这种"新娘子"第一次见公婆前的心态:画眉深浅入时无?"入时无"为亮点,作者同此心,编辑亦同此理。

熊仕华

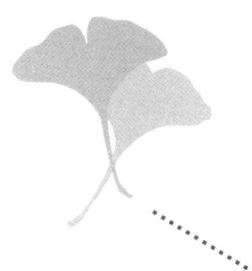

写在最后

　　学习心理学16年,养育女儿28年,我以培养孩子自信独立为己任,以亲子教育为工作,像我这样一个懒妈妈随着女儿的长大,也学会了自我审视与成长。感恩女儿带给我对于人生更多的思考,感恩心理学让我在学习和工作中慢慢沉淀。应该说学习了心理学以后,最大的受益人是我自己,发现自己可以慢慢学会跳出自己的立场,从一个更客观的角度去审视自己与女儿的亲子相处模式。同样,随着年龄的增长,我可以慢下心神,不再着急赶路,可以安然接纳更多以往不能被接纳的事实,此刻才知道,心理咨询中一直被强调的"接纳"真的是一剂良药。正如多年后,女儿名校毕业,却依然怀着一颗处事不惊的心态,并没有如我所愿去开始一段"轰轰烈烈"的人生和事业。作为母亲,起先我心里是有不甘的,总希望那么优秀的女儿一定能出人头地,一直会按着我们的意愿优秀下去。这大概就是人们通常说的"妈妈的冷""妈妈的饿""妈妈的优秀"。这时才深深懂得,最好的母爱其实是"放手"。

　　写完这本书的初稿后,又经历了两年时间的不断完

善，期间，要感谢我的好闺蜜Liya，一直抱病帮我奔忙联系出版的事情。但因为疫情的关系，也因为自己的懒惰，出版计划一直被搁置着。本来也没有想成为职业作家，只是想将自己多年来的心得与更多的家长分享。在教育内卷的当下，我并不想看到很多家长为孩子的成长焦虑彷徨，寝食不安，尽管那样可能会给我们这个职业带来更大的市场。我只想尝试通过自己的亲身经历，以及多年来工作中获得的经验和有效方法，帮助更多的家长开启自我成长的道路，获得一些随手可用的方法，来支持自己的孩子成为更好的他们。

  2012年我出版了《散养的孩子也成功》，讲述的是我女儿成长的故事，感谢当年上海文化出版社的熊仕华老师，指导我顺利出版此书，我们因书结缘，成为很好的朋友。当然也要感谢当年把我介绍给熊老师的我的同学吴亦君，她也是一名非常出色的亲子专家。该书出版的那年，女儿尚在美国社区大学念书，有些人对于我培养出的女儿只进入了社区大学是否可以定义为"成功"是有异议的。但是那么多年过去了，随着女儿的长大，看着她走过的成长之路，以及我与更多孩子、家长的工作交流，更多的讲座和更深入的学习，让我也更加清晰了一些心理学方面的概念，所以关于上一本书的标题，我要在此申明三点。

  其一，关于"散养"。我认为所谓的"散养"并不是放任不管，相反，我们对于女儿的要求是很"严苛"的，尤其是当她小的时候，家规很严，吃饭睡觉的时间都有规定，时间久了，女儿就养成了习惯。又比如：女儿从小就知道自己是"寄生虫"，没有权利要求吃好的、穿好的，我们强调权利义务要对等（虽然我们与所有父母一样，也会挑最好的给女儿）让女儿很少犯"公主病"；设定了行为规范与底线，我们给予女儿的空间也很大，对于女儿的事，我们一般不多干涉，让她从小就能够自主决定很多事，当然相应的责任也必须承担。家里的角色分配非常明确，自己的事情自己决定与担当，让女儿从小就具有责任感。

  应该说在"设立底线，给予空间"的"散养"理念的背后，有着认可自己的孩子是一名普通人的心态，没有望女成凤，只希望女儿快乐、自在的生活，我对于她独立自主的渴望更胜于成绩优秀的期待，我始终认为：能力比成绩更为重要。在日趋激烈的竞争中，每一个"散养"孩子的父母都必须具备强大的心理素质,并且祝愿每一个被"散养"的孩子,快乐健康地成长。

其二,关于"也"。我认为成功没有模版可以拷贝,在确定书名的时候,我特意加了"也"字。即便当时女儿还是一名社区学校的孩子,我自认为我们对于孩子的教育也是一种成功,它与培养出名校的儿女之父母的成功是一样的,至少女儿的独立自信就一直让我自豪,女儿和我们如同闺蜜一样的相处模式也让整个家充满乐趣。其实每一个孩子都是有个性的,用同一种方法去教育所有的孩子,这不科学,也不值得提倡。《散养的孩子也成功》记录了我与女儿的互动,本来只是一本女儿成长的日记,准备在她18岁时送给她作为生日礼物,但在女儿的鼓励下,正好机遇巧合被印刷出版。其实并没有想让它成为一本亲子教育方法的范本,只是为我们提供的一个案例仅供参考。

我经常告诉来听讲座的家长们,从某种意义上说,每一个家长都可以是教育专家,因为亲子教育的本质就是自我成长的过程,从小到大我们学习了数理化,但并没有老师教我们怎么养育孩子,我们大家都是摸着石头过河的。所以,千万不要迷信某个教育专家手里会有一套教育你的孩子的标准程序,你或许可以多听听各种教育专家们的理论,多讨教其他家长的教育方法,多看看关于不同理念的教育书籍,然后按照自己家庭的情况,自己孩子的个性,总结出一套行之有效的方法。当然,在此过程中,要有"觉察""洞见"和"改变"。孩子是我们的镜子,从孩子的行为中可以看到我们自己,只有修正了自己,孩子的行为自然也就被修正了。

其三,关于"成功"。其实我认为的"成功",并不是指能把孩子送入"常春藤"或北大、清华的单一模式。而是在孩子成长的过程中,帮助孩子成为独立个体的过程。自然,作为一位母亲,以前我也非常羡慕"别人家的孩子"可以考进名校,谁都希望自己的孩子出众。我的女儿从14岁起就有了梦想,16岁独自出国求学,这一路走来,她付出了多少艰辛的努力,作为父母感同身受。读完了加州大学的心理学课程,现在,她已经以全A的优异成绩,从美国哥伦比亚大学念完硕士。期间,她对于自己的人生道路可以准确的把控,从一个她自嘲的"学渣"完美逆袭。我坚信,在这个过程中的收获和喜悦,要远远大过于她考进名校。

从14岁确立人生目标至今为止,女儿的目标始终是明确的。应该说,14

岁那年，女儿已经成功开启的自主成长模式，包括当年果断地选择了社区大学这个决定，都是我说的成功。这么多年来，我自己也在不断地学习和成长中，与女儿的关系更像是"闺蜜"和"同学"，我与我的女儿都是极为普通的女性，但我们快乐、幸福，有着各自不同的精彩人生，非常知足。

亲子教育本就应该是百家争鸣的，没有任何一个亲子教育专家可以"一统天下"，明白了这一点，教育也就不再盲目了。在这一点上，我要特别感谢10年来与我一起学习进步的"翼心理"团队里我所有的伙伴们。我们的团队有上百位持证的心理咨询师，大家一起学习工作，接受督导，抱团取暖，互相激励。但也有着相同的发心和志向，经过那么多年的沉淀，无论是职业定位和一些核心理念，都达到了高度统一。这个集体给了我很多支持和温暖，希望翼家人携手并进，将团队以正能量般的润物细无声的方式传递给周遭更多的人。

此刻，我要感谢与我一起工作过的孩子们和他们的家长，是大家给了我很多启发，在跟他们的互动中，我获得的不仅仅是专业上的进步，也促使我不断的内观和自省。随着时间的推移，我与孩子们的家长也都成了好朋友，他们都是敢于修正自己与孩子一同成长的智者，他们的洞察力和教育理念有时也让我耳目一新。

我也要特别感谢我的挚友海燕姐，她是我参与公益项目的领路人，也是一直陪伴着我成长，给予我鼓励，帮助我搭建职业梦想的贵人。无论是10年前，她创建了关注于居民心理健康的公益项目"心e沙龙"，成就了翼心理多年以来的发展；还是多年后开创"上海健康云"，搭建了"知了心理"在线咨询的项目，成就了更多咨询师完成了在线咨询的梦想；包括她要求她的技术团队配合我们完成"在线免费感统测试"的开发，乃至今后我们会一起为之努力的"益学年亲子公益平台"的搭建。一路走来，海燕姐都是我的良师益友，对我而言，是一位美丽天使的存在，是对我呵护备至的家人，也是我望尘莫及的榜样。

在我和女儿的成长过程中，需要感谢的人非常多，给予依依无私的爱，并且对我们不离不弃的朋友们。正因为有了那么多人的帮助，才有了我们全家如今的幸福和安宁。

　　我还要感谢我的家人，我的父母在我最困难的时候帮我照顾女儿；而我的先生，他对于女儿的影响力有时候远超于我。女儿虽非他亲生，但在我看来，他们俩却是"最亲的伙伴"，以至于很多时候，我会莫名的嫉妒他与女儿近乎"哥们儿间的友情"。

　　最后，我最需要感谢的应该是我的女儿，她的成长是我对自己人生的一次重新开启，从需要我悉心照顾的婴儿，到反过来处处照顾我"管着我"的"小妈"，这皆是我换一个角度的学习和成长的过程。应该说从另一个由自己创造的生命里，获得了更多的力量和自信，是一个妙不可言的人生体验。育儿二十多载，女儿从出生、长大，并且历时10年完成了她独自的赴美留学，亦然踏上她自己的职业道路，我也算是完成了对于女儿全部的教育义务和承诺，真心的期望她有着灿烂美好的明天。

图书在版编目(CIP)数据

教子有道 / 春子编著. — 上海：上海科学普及出版社，2023.6
ISBN 978-7-5427-8481-0

Ⅰ.①教… Ⅱ.①春… Ⅲ.①家庭教育 Ⅳ.①G78

中国国家版本馆CIP数据核字（2023）第112892号

策划统筹　蒋惠雍
责任编辑　何中辰
装帧设计　赵　斌

教子有道

春　子　编著

上海科学普及出版社出版发行
（上海中山北路832号　邮政编码200070）
http://www.pspsh.com

各地新华书店经销　上海盛通时代有限公司印刷
开本 787×1092　1/16　印张 11.25　字数 156 000
2023年7月第1版　2023年7月第1次印刷

ISBN 978-7-5427-8481-0　　　　　定价：38.00元
本书如有缺页、错装或坏损等严重质量问题
请向工厂联系调换
联系电话：021-37910000